NEUROCIENCIA DE LAS DECISIONES COTIDIANAS

Desde la taza de café hasta el día de la votación

Prof. César Monroy-Fonseca, PsyD, MSc

Portada: **Potencial cerebral de 12 personas observando un rostro humano**
Cuando hablamos de vías neurales en el cerebro humano, nada ilustra mejor el sustrato físico de la mente como lo es la generación de un potencial. En la gráfica, en el eje horizontal se mide el tiempo en milisegundos, mientras que en el eje vertical se mide la actividad cerebral eléctrica en microvolts. El análisis de regresión demuestra cómo coincide exactamente en el mismo milisegundo la actividad cerebral de las doce personas. Esta coincidencia no es casual, nos permite localizar en la vía neural la estructura responsable del reconocimiento del rostro humano.

Neurociencia de las decisiones cotidianas
ISBN-13: 978-1977687043
1era edición 2017
2da edición 2018
© 2017-2027 SEELE Neuroscience Press
CDMX, México

Esta es una obra protegida intelectualmente. Prohibida su reproducción total o parcial por cualquier formato o medio físico, químico, electrónico o digital.

Citar como: MONROY-FONSECA, César. *Neurociencia de las decisiones cotidianas*, SEELE Press, México, 2da Ed. 2018

Initium sapientiae timor Domini

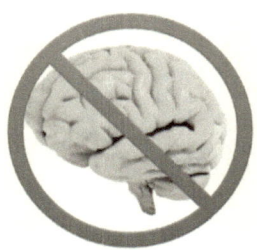

¡Advertencia!

Usted no encontrará una sola imagen del cerebro humano en este libro. El uso de mapas, resonancias magnéticas, termografías y demás maravillas de la neuroimagen funcional sólo son útiles para los anatomistas, los fisiólogos y los investigadores. Pero en un libro de divulgación como éste, el riesgo de reducir al cerebro en un "contenedor" es inevitable.

Con esta decisión, el autor desea llevar el debate de la neurociencia más allá del reduccionismo popular que coloca al cerebro como protagonista. Pero como se dará cuenta el lector, hablar sólo del cerebro es una parcialidad. Existe todo un sistema nervioso distal que viaja por cada una de nuestras manos, al interior de nuestros órganos; existe una médula espinal y una interacción con los sistemas endócrinos e inmunológicos que todavía falta mucho por descifrar.

En cambio, se procura una descripción amena y detallada de la estructuras, los procesos, pero sobre todo, de cómo hacer observable el funcionamiento del nuestro sistema de toma de decisiones en la vida cotidiana.

Contenido

Neurociencia de las decisiones cotidianas 1
Capítulo 1: La doble vida que todos llevamos 2
Capítulo 2: Neurociencia de las decisiones 42
Capítulo 3: Estrategias de modificación de las decisiones 72
Anotaciones finales 112

Prof. César Monroy-Fonseca, PsyD, MSc

CAPÍTULO 1: LA DOBLE VIDA QUE TODOS LLEVAMOS

Usted apreciable lector, colóquese en la siguiente situación: Descubre de pronto en la tercera o cuarta década de su vida que padece una enfermedad denominada "cáncer". La palabra por sí misma trae a nuestra mente una serie de significados que van desde una inminente amenaza de vida hasta temores perfectamente bien fundamentados, como los efectos colaterales que los tratamientos de esta enfermedad conllevan.

La decisión que usted tome respecto a cómo afrontar este diagnóstico involucra uno de los procesos de toma de decisión mejor estudiados por la neurociencia, nos referimos específicamente a la toma de decisiones bajo incertidumbre.

Pero a usted, siguiendo esta dinámica de recibir el diagnóstico de cáncer no le interesaría en lo más mínimo lo que los científicos dicen sobre la toma de decisiones bajo incertidumbre, sobre el control de riesgos o sobre la heurística y sus sesgos cognoscitivos. Nada de esto le resolverá el dilema sobre la decisión que ha de tomar.

Un primer concepto que debemos dejar claro cuando hablamos de decisiones humanas es que tales, poco o nada tienen que ver con el conocimiento que podamos tener sobre la forma en que se dan. Así usted bajo el diagnóstico de cáncer, a menos que tenga una personalidad especialmente obsesiva, no pondrá en una balanza los riesgos y beneficios de tratamiento, tampoco se entrevistará con una muestra representativa de oncólogos para hacer una matriz de consistencia diagnóstica. Mucho menos estudiará la Licenciatura en Medicina por su propia cuenta y obtendrá un grado médico solo para obtener conocimientos suficientes que le permitan entender su enfermedad.

Usted lo que querrá será una cura, el tratamiento menos doloroso posible y garantías de pronta recuperación. Imagine que, de pronto surge una persona que hace algunos años recibió el mismo diagnóstico que usted pero actualmente ha superado el cáncer con un método tan simple y efectivo que ha decidido compartir su secreto con personas que en su momento también fueron diagnosticadas y que ahora todos sus síntomas se han remitido.

¿Qué decisión tomaría usted?, ¿el camino racional, particularmente lento y que le exige tiempo el cual quizá usted sea lo que menos tenga para invertir en ese momento? O por el contrario, ¿preferiría usted seguir su intuición y escuchar a esta persona que carece de todo posible conocimiento que legitime su "secreto" pero por el contrario tiene a su favor su propia experiencia de vida y el bien que le ha provocado a otras personas?

No hace falta que usted, apreciable lector entre en este dilema. Lamentablemente estos hechos ocurrieron hace pocos años en Australia y como una inesperada bola de nieve pasaron de la recomendación boca a boca hasta convertirse en el que quizá hubiera sido el error más grave del lanzamiento del Apple Watch en el año 2015.

The Whole Pantry es un concepto acuñado por su creadora Belle Gibson. Una joven mujer quién aseguraba haber sido diagnosticada de un cáncer terminal en plena adolescencia. Decidió documentar su historia de lucha contra el cáncer mediante el uso de redes sociales donde compartía fotos en sus sesiones de quimioterapia; cómo poco a poco perdía el cabello, el deterioro que su piel sufría por la agresividad de los medicamentos, así como reflexiones personales sobre la vida y lo que representaba para ella enfrentar una enfermedad tan agresiva a tan corta edad.

Su historia de lucha se disparó en popularidad cuando anunció en sus redes sociales que había decidido cambiar su estilo de alimentación a raíz de varias investigaciones que había hecho por su propia cuenta. Esencialmente, aseguraba que todas sus conversaciones con médicos y expertos en el tema apuntaban al procesamiento industrial de los alimentos como los causantes de su enfermedad.

Como por arte de magia, Belle Gibson comenzó a recuperar el cabello, ganar peso y se mostraba más sonriente y energética en sus fotos y vídeos. No tardó una editorial local en sugerirle relatar su historia así como su "secreto dietético" que le había permitido subsanar las consecuencias del tratamiento oncológico. Pero el caso de Belle Gibson no se trataba de sólo una mejoría anímica. Meses antes del lanzamiento de su libro *The Whole Pantry*, Gibson publicó que le habían retirado el diagnóstico de cáncer y que estaba totalmente curada, gracias a su método de nutrición. Evidentemente el libro *The Whole Pantry* se convirtió en un éxito instantáneo de ventas y Gibson pasó a ser rápidamente la nueva celebridad instantánea que los medios de comunicación buscaban. Apareció en noticieros, en las revistas Women´s Weekly y fue nombrada como mujer del año por la revista Elle en 2015.

La cumbre del éxito de *The Whole Pantry* llegó a finales del mismo año cuando los ejecutivos de Apple se acercaron a Belle Gibson para ofrecerle un contrato millonario, donde ella cedería su recetario completo en una app que sería incluida dentro del paquete de lanzamiento de Apple Watch.

Si el lector nota algo sospechoso en toda esta historia, no es el único. Nuestro personaje *wunderkind* encarnado por Gibson: una mujer saliendo de la adolescencia sin formación médica alguna descubre un sistema de nutrición que la curó del cáncer, es efecto de los espejismos que constantemente nuestro sistema de toma de decisión crea para ajustar la realidad a nuestras expectativas sin importar lo irracional que puedan ser.

Con la inminente salida al mercado de *The Whole Pantry* a escala internacional y de la mano de Apple, no tardaron ciertos escépticos en señalar lo fantástico y perfecto que sonaba el caso de Gibson. Bastaron unas cuantas semanas y revisión profesional de los expedientes médicos de Gibson para descubrir que nunca había sido diagnosticada de cáncer, que tenía un historial clínico de mitomanía, que sus historias de pérdida de cabello habían sido un montaje para crear credibilidad en su fantasía, y además que la editorial que publicó *The Whole Pantry* nunca se tomó la molestia de verificar la efectividad nutricional del método con un sólo experto en el área.

Los cuestionamientos rápidamente obligaron a Belle Gibson a reconocer en televisión abierta nacional que toda su historia había sido una mentira y que lo había hecho porque tenía el deseo de inspirar a los pacientes con cáncer. Si bien la explicación pudiera sonar noble, no justifica los millares de pacientes que abandonaron su tratamiento por seguir el ejemplo de Gibson.

Si ponemos atención en el caso, salta a la vista cómo en repetidas ocasiones la misma farsa sorteó a la razón de forma más que exitosa. En primera línea nadie corroboró el diagnóstico de Gibson. Nadie se tomó la molestia de pedir los registros médicos donde se asentaba su diagnóstico, una editorial que se supone pasa por un consejo experto los materiales que publican, ni siquiera se dio a la tarea de corroborar la veracidad de la historia. A esto le sumamos revistas, televisoras y un gigante corporativo transnacional que se dejaron encandilar por la facilidad e inmediatez intuitiva que permitía una historia tan cercana como la de Gibson.

Ya desde el siglo XIX los primeros neurólogos habían descubierto el dominio de la irracionalidad sobre la vida humana, no es ninguna novedad decir que la mayoría de las decisiones que tomamos carecen de la intervención de la lógica y la razón. Tampoco es noticia alguna decir que somos seres pasionales y que nos dejamos llevar por la circunstancia más que por la planeación.

Podemos recordar el famoso experimento de Charcot, quien a finales del siglo XIX demostró la existencia de una dimensión sombría y tenebrosa en la realidad de la psique humana. En sus experimentos hipnotizaba a sus pacientes para sembrar en lo que llamó "el inconsciente" alguna afección dentro de la fisiología del sistema nervioso central (SNC).

Han quedado plasmados tanto en documentos clínicos como en obras de arte los casos donde podía provocar síntomas de paraplejía en mujeres perfectamente sanas con sólo inducir la inmovilidad de sus piernas durante una sesión de hipnosis. Famosos, también son los casos donde mujeres diagnosticadas por el entonces llamado síndrome histérico que se caracterizaba por alguna parálisis motriz, recuperaban total funcionalidad durante la hipnosis.

No es ningún secreto la existencia de esta dimensión no-consciente, pero la pregunta que durante más de cien años quedó sin responderse fue ¿cómo funciona? Conforme avanzó el siglo XX, cada vez más y más evidencias surgían respecto de las decisiones humanas y la fuerte participación de procesos no consientes. El epítome de estas demostraciones empíricas de la inconsciencia humana en el sistema de decisión se observa en la economía.

Conforme se ha sofisticado el comercio, el mercantilismo y las transacciones globales, se ha vuelto mucho más evidente lo poco que sabemos sobre la percepción subjetiva que se tiene de la distribución de recursos y las finanzas. ¿Por qué una persona se endeuda más allá de su poder adquisitivo?, ¿por qué un país entero, como el caso de Grecia se declara en bancarrota?, ¿por qué no hay manera sistemática de interpretar el comportamiento de la bolsa de valores y su único factor previsible de comportamiento es el probabilístico y el azar?

Ante este escenario de incertidumbre varios investigadores desde la década de los 70's dedicaron sus vidas a entender la economía como un correlato directo del proceso de toma de decisiones. El investigador más emblemático de esta corriente de pensamiento es Daniel Kahneman; el primer psicólogo en la historia que recibe un

Premio Nobel pero no en un campo clínico, sino la presea correspondiente en Economía, gracias a que postula un modelo neuropsicológico que permite explicar por primera vez el funcionamiento de lo no-consciente en la toma de decisiones humana.

La economía basada en las neuronas

Tal como lo define el economista Roy Weintraub, la economía "clásica" descansa en tres pilares que durante siglos tuvieron la condición de axiomáticas, es decir, nadie llegó a cuestionar que así fuesen las decisiones económicas. El primero de estos pilares es aquel que define al universo humano como un grupo de personas con preferencias racionales. Hacemos una pausa para enfatizar la condición de "racional". La economía por definición asume la racionalidad humana y la define como el primero de sus pilares. No sólo racional respecto del uso de la razón sino también por una realidad semántica, tanto los bienes como el valor de los mismos se "racionan", es decir, se contabilizan y distribuyen. La racionalidad en la economía tiene así un doble significado que se apoya uno sobre el otro, por un lado el uso de la razón y por otro la noción de cantidad.

El segundo pilar de la economía tradicional es el de la maximización de la utilidad, es decir, asume que una vez que se determinan las preferencias racionales el individuo escogerá aquella preferencia donde se obtenga la máxima utilidad posible de entre todas las opciones. El ejemplo clásico de este segundo pilar económico es el de la racionalización del salario mínimo cuyo valor no radica en la cantidad nominal sino en las posibilidades que tiene de maximizarse su utilidad.

Asumiendo que les damos a dos personas diferentes la misma cantidad de dinero, por decir algo, 10 dólares y ambas entran a la misma tienda para adquirir productos de necesidad básica, los 10 dólares tienen valor diferente para cada una de estas dos personas en función de las necesidades básicas que ya están cubiertas. En pocas palabras, el segundo pilar de la economía tradicional nos explica la movilidad de la economía en función de la utilidad máxima y no en función de los sistemas monetarios que se utilizan para representarlo.

Finalmente, el tercer pilar de la economía tradicional, se sostiene en la información relevante disponible que tiene la persona para tomar sus decisiones esto significa que la calidad de una decisión dependerá de la calidad de la información con la que cuenta la persona para tomarla. Una mala calidad de la información nos llevará indudablemente a una mala decisión, mientras que contar con la mejor información disponible nos llevará en consecuencia a tomar la mejor decisión posible.

Siguiendo el mismo ejemplo de dos personas que entran cada una con 10 dólares a una tienda para cubrir sus necesidades básicas, si una de ellas posee mejores conocimientos sobre los productos que ahí se venden o sobre el provecho utilitario que se puede obtener de cada producto, esta persona obtendrá mejor utilidad de su compra y mayores beneficios que aquella que posee información insuficiente o errónea de los productos que se venden en la tienda.

Visto desde esta perspectiva, no parece complicado el funcionamiento del sistema de decisión económico y pareciera ser que si preguntamos a una persona cualquiera que pase por la calle cómo es que decide la forma en que gasta su dinero, muy probablemente recibiremos una respuesta parecida a lo que la teoría dicta. Lamentablemente ninguno de esos tres pilares explica las preguntas que anteriormente planteamos sobre el comportamiento económico de una persona, de un país o de la bolsa de valores. Además, el modelo económico clásico parte de un supuesto que no podemos garantizar y es que solamente seres humanos económicamente educados son considerados en este modelo. Aquellos que no tienen educación económica son incapaces de tomar este tipo de decisiones según el modelo clásico.

Fueron estas premisas y la incapacidad de ser aplicables en la cotidianidad de la gente lo que llevo a Daniel Kahneman a experimentar con personas totalmente normales (sin formación económica, financiera o administrativa) situaciones de decisión económica para entender cómo es que funcionan los mecanismos neuropsicológicos que intervienen en estos procesos.

A pesar del prefijo "neuro", no debemos dejarnos engañar y asumir que sólo interviene el conocimiento del SNC para explicar el proceso de toma de decisiones, si bien el fundamento de la neuroeconomía descansa en procesos neurofisiológicos, también participan otras disciplinas en esta dimensión donde se explica la no-consciencia humana al tratarse de un enfoque que lleva poco más de treinta años gestionándose, muchas disciplinas recientes como la inteligencia artificial o la heurística computacional se han valido de la neuroeconomía para forjarse y a su vez le han dado nuevos aportes desde escenarios tan distantes como su uso en el experimento de Turing.

Kahneman después de años de experimentación en la toma de decisiones humana, logró crear un modelo explicativo de la gran complejidad del cerebro humano y su funcionamiento en las decisiones económicas que investigaba. Así surge el modelo de los dos sistemas, conocido también como el modelo del cerebro rápido/cerebro lento. Este modelo simplifica, más no reduce el entendimiento de los procesos neuropsicológicos. Mejor dicho, los agrupa en dos grandes clases que le merecen a Kahneman el reconocimiento como el padre de la nueva escuela de la heurística comportamental.

El cerebro

A diferencia del resto de los tejidos en nuestro cuerpo, el cerebro carece de funciones macroscópicas. Si quisiéramos adivinar empíricamente y sin conocimiento anatómico alguno cómo es que funcionan los pulmones basta pedirle a una persona que inhale y exhale profundamente para observar cómo es que su caja torácica se dilata y contrae al ritmo de su respiración. No tardaremos en llegar a la conclusión de que los pulmones parecen ser sacos dónde se almacena el aire que se inhala. Lo mismo pudiera pasar con el corazón; si colocamos nuestra oreja sobre el pecho de una persona no tardaremos en reconocer un golpeteo rítmico.

Este pulso constante podremos constatarlo además, si palpamos suavemente las venas que sobresalen en el cuello o en la muñeca de la persona. No tardaremos en llegar a la conclusión de que ese órgano que palpita de alguna manera está conectado con las venas y por ende forman un sistema. Finalmente desde muy temprana edad cualquier persona ha experimentado el gran descubrimiento del funcionamiento de su sistema digestivo. Basta una sola experiencia infecciosa para entender la profunda relación que hay entre el estómago y la boca; se entiende que están conectados y lo que entra en la segunda llega al primero con las consecuencias que esto conlleva.

Pero el cerebro es totalmente distinto. Si observamos fijamente a una persona durmiendo no tenemos forma de saber qué está soñando; por más que coloquemos las manos sobre el cuero cabelludo de alguien no podemos sentir sus pensamientos; por mucho que dos personas se miren a los ojos no hay manera de escudriñar más allá del abismo en sus pupilas.

¿Cómo es entonces que se ha puesto tan de moda hablar del cerebro como si se tratase de un tejido fácilmente descifrable? En realidad se lo debemos al diálogo que la tecnología actual permite establecer entre disciplinas muy diversas. Hablamos específicamente de la física con la biología y ambas con la medicina y la psicología, ¿qué tiene que ver esta conjunción de disciplinas en el entendimiento del cerebro?

La respuesta es elegante en su simpleza. Hoy sabemos que el cerebro se conforma por neuronas, y que estas neuronas son células cuya función primordial es la de producir impulsos nerviosos. Esos impulsos nerviosos no son sino pequeñas variaciones de voltaje bioquímico entre el interior y el exterior del cuerpo de las células. Esto es todo lo que hacen las neuronas, y sólo con esto son capaces de formar el intrincado telar encantado de miles de millones de sinapsis, de las que se sostienen nuestras ideas y nuestros pensamientos.

Si las neuronas producen tal voltaje bioquímico este sería por definición un fenómeno físico. Al ser un fenómeno físico debiera ser medible; y al ser medible debiera ser cuantificable. Efectivamente el médico alemán Hans Berger demostró en el año de 1910 que si se colocaban electrodos en el cuero cabelludo para recolectar variaciones de voltaje se podía detectar un ritmo eléctrico que no provenía de fuente externa alguna y que este ritmo cambiaba si la persona mantenía los ojos cerrados y súbitamente los abría. Berger había descubierto la electroencefalografía; la herramienta que permite demostrar cómo es que funciona el cerebro a partir de este intercambio de voltajes eléctricos entre las neuronas.

De ese descubrimiento a la actualidad han pasado poco más de 100 años y a través de un principio tan simple como el de la detección de voltajes hemos podido mapear lo que ahora se conocen como circuitos neuronales. La tecnología también ha evolucionado y al estudio del comportamiento eléctrico del cerebro también se le ha sumado el estudio de su metabolismo y el de su estructura anatómica interna. La conjunción de estos conocimientos nos permite identificar aquellos principios neurofisiológicos que son aplicables a todos los seres humanos de la misma manera.

A su vez, tenemos bien identificados aquellos mecanismos que parecieran ser efecto de condiciones más bien idiosincráticas de las cuáles no podemos hacer a la fecha alguna generalización aplicable a todos los seres humanos. En resumen, tenemos identificados dos grandes grupos de procesos cerebrales; por un lado aquellos característicos de la biología humana y por otro lado aquellos característicos de nuestra capacidad de adaptación al entorno. Esta es la primera guía para entender los dos sistemas de Kahneman.

Para acercarnos al estudio formal de los procesos cerebrales, los científicos hemos partido de una dimensión altamente estudiada por la humanidad. Se trata por supuesto de esta dimensión no-consciente. Ya dijimos con anterioridad que la no-consciencia es característica de las decisiones humanas, pero ¿en qué consiste la no-consciencia y cómo es que funciona?

El término inconsciente si bien fue acuñado en el siglo XVIII por el filósofo Friedrich Schelling, quien a su vez retomó la noción de no-consciencia postulado por el alquimista Paracelso, fue el reconocido médico Sigmund Freud quien popularizó tanto el término como el concepto que prevalece hasta nuestros días en el imaginario social cuando se habla de inconsciente.

Freud era un discípulo directo de Charcot y se formó dentro de la herencia aún prevalente de la frenología. Él mismo estaba convencido de la hipótesis localizacionista del cerebro humano y recolectó evidencia para sostener que dentro del cerebro debía haber una especie de receptáculo dónde se almacenaban ideas y pensamientos reprimidos. Así Freud, aseguraba que conforme la ciencia fuese avanzando se descubriría este rincón oculto en las profundidades de la sustancia blanca.

Hoy sabemos que tanto la frenología como la hipótesis localizacionista forman parte del anecdotario de postulados imprecisos respecto del estudio del cerebro. Sabemos que el cerebro no está conformado por cajones de almacenamiento y mucho menos que estos están definidos anatómicamente de la misma manera en todas las personas. Incontables experimentos nos permiten demostrar cómo la misma lesión cerebral provoca síntomas totalmente diferentes en dos personas. Entonces, ¿qué es este fenómeno de lo no-consciente y dónde se encuentra? Efectivamente como habrá deducido el lector, la consciencia humana no es otra cosa sino un proceso y como tal, depende del funcionamiento de una estructura.

Sistema 1: El universo inmediato

Al conjunto de procesos cerebrales que anteceden a la consciencia en términos de velocidad de los circuitos neuronales involucrados, es lo que los neurocientíficos llamamos lo no-consciente. Esta dimensión se revela a sí misma no como ese rincón oscuro escondido en los confines del cerebro como pretendía encontrar Freud, sino como la consecuencia del desfase que existe entre las diferentes velocidades en que nuestro cerebro ha evolucionado para cumplir sus funciones.

Si pudiéramos decir cuál es la utilidad máxima del cerebro, no dudamos en asegurar que se trata de una dualidad: la primera es mantenernos vivos y la segunda es que mientras perdure la vida, ésta se centre en la búsqueda de satisfactores. La primera función de preservación de la vida obedece a la conservación de la especie; mientras que la búsqueda de satisfactores obedece a la mejora constante de la especie.

En el modelo de los dos sistemas de Kahneman podemos localizar en el sistema 1 todos estos procesos que nos mantienen vivos mientras que en el sistema 2, que veremos más adelante, localizaremos los procesos diseñados para mejorar a la especie humana. Aunque esta división es lógica no debemos creer que sea tan obvia la forma en que se evidencian. Así algunos mecanismos del SNC pudieran pertenecer a ambas categorías pero es su efecto funcional el que nos permite ubicarlo en un sistema o en otro.

Comencemos por el origen ontogenético mismo de cualquier ser humano para comenzar a hablar del sistema 1. ¿Cuándo es que podemos declarar que un nuevo ser humano ha sido concebido? Todo aquel que haya dado seguimiento a la gestación de sus hijos está familiarizado con el cierre del tubo neural, el cual suele ser el indicador principal del desarrollo del nuevo ser. Cuando falla el proceso de neurolación durante las primeras semanas de la concepción ésta se declara fallida; pero si la neurolación es exitosa, el paso siguiente es la formación del SNC.

Si con el SNC se inaugura la vida no tenemos reparo en asegurar que es éste el primer sistema en funcionar en cualquier ser vivo vertebrado. Ahora bien, ¿cuándo es que se declara extinta una vida humana? Aquel familiarizado con la pérdida de un ser querido sabrá que la muerte cerebral se considera como un indicador inequívoco del fallecimiento, como podemos constatar el SNC es el último en funcionar cuando termina una vida humana.

Con el SNC se abre y se cierra un ciclo de vida y gracias a que ello ocurre con toda la familia de animales vertebrados podemos hacer comparativas muy puntuales de la relevancia que tiene cada uno de sus componentes para la preservación de la vida. No hay lugar a dudas de la importancia que tiene el cerebro en mantenernos vivos. La biología nos ha dotado de una serie de mecanismos automáticos que se perfeccionaron mucho antes de que nuestros antepasados primigenios, como el homo sapiens, cobraran consciencia de su propia existencia.

Es, quizá debido a que la consciencia tiene una historia evolutiva mucho más breve que la mayoría de los componentes del SNC que sea tan pronunciado la existencia de procesos no-conscientes. Pero como nada podemos hacer para acortar la distancia lo que sí debemos hacer es estudiar dichos procesos.

El sistema nervioso humano comparte con la mayoría de los vertebrados superiores mecanismos que durante miles de años se afinaron, corrigieron y recombinaron para alcanzar el punto máximo de eficiencia en lo que a preservación de la vida se refiere. Quizá el mecanismo más interesante, que para efectos del estudio de la toma de decisiones nos concierne sea el de amenaza-huida. Tiene la ventaja de ser un mecanismo presente en todos los seres humanos desde el cuarto mes de vida aproximadamente y de manifestarse en prácticamente todos los vertebrados de forma más o menos similar tanto en la dimensión comportamental como en los experimentos neurofisiológicos que se utilizan para estudiarlo.

Los seres humanos somos desde nuestra más pura biología una presa. Carecemos de garras, no contamos con mandíbulas suficientemente fuertes, ni con colmillos afilados; nuestra agilidad nos coloca en la escala de los primates más lentos y nuestra ausencia de cola nos obliga a permanecer con seguridad en el suelo en lugar de la altura de las ramas de los árboles. A esto hay que sumarle nuestra propensión al nacimiento totalmente dependiente de la madre, lo que nos hace vulnerables durante los primeros cinco años de vida. Finalmente no contamos con mecanismos de alejamiento químico cómo es la emisión de sustancias tóxicas, venenos, ni tampoco defensas físicas como son las púas o corazas que cubran nuestros cuerpos.

Nuestra vulnerabilidad como especie es suficiente para recordarnos que no pertenecemos al tipo depredador. Un segundo recordatorio es que carecemos de instintos depredadores. No contamos con el instinto del acecho de los felinos; nos es imposible permanecer inmóviles y disminuir la velocidad de nuestra respiración y nuestra frecuencia cardíaca y mantener nuestra mirada de forma precisa en un objetivo único. Tampoco contamos con células reflectantes en la pared posterior de nuestra retina para contar con la visión nocturna que aventaja a los cazadores sobre las presas una vez que se oculta el sol.

La herencia milenaria que a la fecha conservamos de esta condición biológica de presa se hace patente en nuestra tendencia de resguardarnos en lugares donde se juntan suficientes condiciones para sabernos seguros: un perímetro bien delimitado, suficiente iluminación y una estructura social que nos asegure igualdad de condiciones. Hay suficientes estudios antropológicos al respecto pero basta una rápida revisión a nuestra sociedad actual para corroborar ante cualquier amenaza de peligro nuestra naturaleza de presa.

Es debido a esta condición que contamos con un mecanismo totalmente automático y primitivo que se dedica las 24 horas del día y de forma totalmente ajena a nuestra conciencia a vigilar la seguridad del entorno en el que transitamos a lo largo de nuestros días. El mecanismo amenaza-huida está perfectamente optimizado y afinado para detectar el más mínimo indicio de la existencia de un depredador. Pese a que hace muchos miles de años, la especie humana abandonó la vida a la intemperie para resguardarse en sus ciudades y hogares de concreto, la amenaza del depredador no nos ha abandonado.

Un callejón oscuro, una mirada furtiva y penetrante, un objeto moviéndose de forma rápida y sorpresiva hacia nosotros, el sonido de una explosión, un alarido de pánico; todos estos son indicadores que nuestro sistema inmediato decide interpretar sin la mediación de la razón o de procesos consientes superiores. La causa es obvia;

nuestro sistema racional que veremos más adelante, es demasiado lento y consume demasiada energía como para delegarle el que nos mantenga vivos.

Imaginemos el siguiente escenario. Pidámosle a una persona que se coloque en el centro de una cancha de basquetbol para jugar el clásico juego de los quemados. Si le pedimos a esta persona que cierre los ojos y que los abra a una instrucción verbal nuestra al tiempo que le arrojamos un balón y le pedimos que lo esquive para poder sumar puntos en el juego, la persona no tendrá dificultad alguna en hacerlo.

Pero si le decimos que nos explique cómo es que calcula la velocidad en que debe moverse, la dirección hacia donde trasladarse, y la aceleración en que el balón se aproxima para impactar su cuerpo, sobra decir que es información con la que en forma racional no cuenta. Sabemos que de alguna manera la persona sí tiene estos conocimientos, porque de no ser así, le sería imposible esquivar el balón por lo que surge la pregunta, ¿cómo es que sabe hacia dónde ir para evitar un impacto si carece de la información lógica y racional que la teoría nos dice es indispensable?

En nuestra dimensión humana y como resultado de la exaltación del pensamiento durante la época renacentista los seres humanos tenemos la tendencia a creer que solo se puede generar información a partir de la razón. En este sentido la naturaleza nos aventaja milenios y desde hace ya bastante tiempo desarrolló un sistema cuya función tiene como característica la generación de información suficiente para la conservación de las especies. El SNC es un sistema de intercambio de información bioeléctrica. El mecanismo de amenaza-huida es una de tantas traducciones biológicas e inmediatas de este sistema de información que prescinden de la intervención de la consciencia humana.

La palabra más común para referirnos a esta información que se genera de forma biológica sin que intervenga la razón humana es la de intuición y no vamos a discutir la corrección semántica que su uso implica. Por el contrario, si todos entendemos el concepto de intuición podemos aprovechar esta convención de lenguaje para decir que el Sistema 1, el sistema de la inmediatez, es el sistema de la intuición humana.

Seguramente más de una persona se preguntará ¿cómo es que permanece activo en el "evolucionadísimo" entorno urbano social y cultural en que vivimos actualmente, el mecanismo de amenaza-huida que sólo servía cuando debíamos huir del ataque de un jaguar? Formular este tipo de interrogantes si bien es de esperarse, no retratan el verdadero funcionamiento del mecanismo amenaza-huida. Es común creer que se trata sólo de un artilugio evolutivo diseñado para huir de los depredadores. Pero es mucho más que eso, es el mecanismo por excelencia que evita que nos coloquemos en situaciones que comprometan la propia vida. Dicho de otra manera es un mecanismo de preservación de nuestra existencia subjetiva.

¿Cómo es posible que éste mecanismo detecte amenazas de vida de forma tan precisa para mantenernos a salvo de las amenazas? En realidad no lo hace. El sistema de información biológico es muy diferente al sistema de información racional. Una amenaza de vida siempre es real sin importar la interpretación que se le pueda dar desde la razón.

Así para un alumno que está presentando su examen y se enfrenta al borde de reprobar y tener que rendir cuentas a sus padres sufrirá una respuesta biológica idéntica como si tuviera enfrente al más temible de los carnívoros. Su frecuencia cardiaca se acelerará, los vasos sanguíneos de sus extremidades se constreñirán y sus palmas se verán pálidas; ésta constricción vascular le generará la sensación de sudor frío y su frecuencia respiratoria perderá sincronía con la del corazón promoviendo una hiperventilación; además, los músculos de las piernas y brazos comenzarán a vibrar de forma acelerada a modo de calentamiento de la masa muscular en preparación de una acción de huida; finalmente si las vísceras del abdomen detectan un exceso de carga se relajarán los músculos para eliminar el peso innecesario.

Todas estas reacciones en su conjunto llevan el nombre de estrés, y no es sino una descripción muy simple de toda una serie de procesos destinados a hacer más fácil la huida de un agente que está amenazando nuestra vida. ¿Acaso un examen tiene la misma condición de amenaza que la de un carnívoro asesino? Desde la lógica y la razón seguramente no, pero la biología de nuestro pobre alumno no entiende ni de lógica ni de razón, por lo tanto responde ante este examen de la misma manera como lo haría con un asaltante, viendo una escena de terror en el cine o cuando su novia le dice que está esperando un bebé de él.

La participación de la razón en la detección e interpretación de estímulos inmediatos es innecesaria y poco funcional, nuestro SNC ha aprendido que los beneficios que nos aporta el uso del pensamiento y raciocinio humano pueden esperar cuando se trata de preservar la vida. No importa cuánto deseemos hacer de estas reacciones respuestas más racionales y pensadas, la velocidad en que opera el sistema 1 simplemente no nos lo permite.

Este universo se escapa de la razón, no por otra cosa sino por la naturaleza física de su funcionamiento. La velocidad de actualización de los sistemas de recolección de información es mucho más rápida que la velocidad de actualización de nuestra consciencia. ¿Cuáles son estos sistemas dedicados específicamente a recolectar la información necesaria para que el Sistema 1 tome decisiones por sí mismo? Se trata de dos: el conjunto de los denominados sentidos especiales y el de los denominados sentidos generales o sensoriales.

Un festival químico

Comencemos con la olfacción, un sentido particularmente ambiguo dada su estructura particular, altamente dependiente de la morfología del cráneo; sumado a la ambigüedad y falta de apoyo de los otros sentidos para describir los estímulos que percibe. Es bien sabido que los seres humanos sólo podemos detectar dos tipos de fenómenos: fenómenos físicos o reacciones químicas. Hemos perdido si quizá alguna vez llegamos a tener, la capacidad de percibir estímulos magnéticos como todavía lo hacen las aves y los insectos, y prácticamente hemos perdido nuestra capacidad de detectar descargas eléctricas como lo hacen a la perfección los tiburones y otras especies marinas. El sentido del olfato está dentro del conjunto de sentidos que detectan reacciones químicas, específicamente aquellas que están disueltas en el aire que respiramos o que se desprenden de la dilución de los alimentos mediante la saliva.

A diferencia de los estímulos físicos que suelen ser medibles y cuantificables por instrumentos ajenos al ser humano y que pueden corroborarse sus propiedades de forma objetiva, las fragancias son totalmente etéreas y no pueden "medirse" de formas que emulen la percepción subjetiva que tenemos de ellas. Solamente un perfumero entiende el lenguaje complejo de las notas acordes, concentraciones y diluciones que implica la diferencia entre una fragancia a rosas y una a violetas. Pero no hay forma, a la fecha, que nos permita saber exactamente qué experiencia olfativa provoca una fragancia en una persona.

La magia de la detección de fragancias ocurre en el delicado tejido de la mucosa olfatoria, donde residen más de cien millones de células nerviosas especializadas en la detección de aromas, dada la exposición directa que tienen con el exterior del organismo año con año las fibras de los nervios olfatorios mueren por lo que el olfato además es un sentido que se deteriora con los años. Este es el precio que deben de pagar las células olfatorias pues son las únicas neuronas del sistema nervioso expuestas directamente a la intemperie en lugar de asegurarse un espacio dentro de algún tejido humano como ocurre con el resto de los sentidos.

Este diseño conlleva a dos consecuencias inherentes a la olfacción humana: el sistema olfatorio cambia con el tiempo y dos; el sistema olfatorio depende de otros mecanismos más profundos para mantener su utilidad de preservación de la vida. Por ejemplo, ¿cómo es posible que una fragancia que una persona a los dos o tres años de edad haya percibido por única ocasión, esta pueda evocarse con claridad a los 60 años de edad pese a que todas las neuronas receptoras que participaron en ese proceso ya están muertas?

Lamentablemente no hay una respuesta definitiva a esta interrogante, los científicos especialistas en el sutil e intrincado sistema neural de la olfacción no se han puesto de acuerdo a la fecha si existen lo que pudiéramos llamar "aromas básicos" o por el contrario existe una especie de matriz sensorial olfativa que se construye por el eje biológico de un lado y por el eje social-experiencial del otro.

Lo único de lo que tenemos certidumbre hasta estos días es que existen fragancias muy básicas que generan un estado de alerta en prácticamente todos los seres humanos. Estos estados de alertamiento no son ni placenteros ni displacenteros lo que les confiere una dificultad intrínseca para ser interpretados de forma subjetiva y en consecuencia transmitirse por la vía verbal u otros tipos de expresión.

Estamos todavía muy lejos de entender los misterios de la olfacción humana. Pero de una cosa estamos totalmente seguros: el bulbo olfatorio tiene una conexión directa con estructuras hipocampales ligadas a la memoria de tipo no-semántica; es decir, las experiencias olfatorias en sus inicios durante los primeros años de la infancia pasan directamente a los registros de memoria y formación de huellas mnémicas carentes de una carga simbólica, verbal, o incluso apoyos visuales; éstas primeras experiencias olfativas forman el sustrato del sistema de alertamiento primitivo.

Los aromas lácteos, de putrefacción, de fermentación avanzada y el olor de proteína combustionada parecen ser fragancias que se almacenan de forma muy primitiva en la memoria del ser humano y cada una de ellas tiene un correlato directo con la preservación de la vida.

Al ser animales mamíferos los seres humanos, tenemos un reconocimiento instintivo de la lactosa y poseemos reflejos automáticos de recién nacidos para localizar la fuente de leche materna. Este reflejo se puede constatar en otros primates y demás mamíferos. Es claro que un recién nacido carece del conocimiento de la anatomía humana y su visión tampoco está lo suficientemente desarrollada, es el sistema olfatorio la guía con la que se vale el recién nacido para localizar la que será su principal fuente de alimento los primeros meses de vida.

El olor a putrefacción y el de fermentación avanzada son otros dos aromas que impactan la mnémesis primigenia del sistema olfatorio dada la misma necesidad en el que nuestro cuerpo ha evolucionado para detectar potenciales alimentos no aptos para nuestro consumo. Nuestro sistema digestivo no es capaz de neutralizar las colonias bacterianas que se forman en alimentos donde las proteínas se degradan, a diferencia de las especies carroñeras o los felinos. Por el contrario, el consumo de proteínas en estado de degradación sería fuente de una muerte casi inminente.

De forma adicional la putrefacción en tanto aroma se liga rápidamente en temas evolutivos con la muerte de los animales, lo que por millones de años sirvió a los mamíferos para evolucionar como especies altamente sensibles a la frescura de los alimentos que consume. En menor medida pero con igual relevancia, el aroma que despide la degradación de los azúcares en los alimentos es una advertencia olfatoria que indica los peligros que implica su consumo.

A diferencia del olor a putrefacción, el de fermentación se materializa en los centros mnémicos de forma tardía entre los tres y cinco años de vida. Quizá esto permite que los esquemas sociales posteriores modifiquen la carga simbólica y emocional que de forma primigenia se asocia con el olor a fermentación, presente en todas las bebidas alcohólicas que requieren de este proceso para su producción. No es difícil recordar la primera experiencia que uno haya tenido con una bebida alcohólica cualquiera, olfatoriamente el primer contacto es desagradable y repulsivo. Gracias a la intervención del sistema 2 es que se altera esta repulsión biológica para inhibirla sin que su efecto original se pierda, en una suerte de "desagrado selectivo".

El olor a proteína en combustión, conocido popularmente como olor a pelo quemado es un tercer tipo de fragancia primigenia que genera alertamiento sensorial. Su relación directa con el fuego y la amenaza que este agente implica en la vida de los seres vivos hace que se almacenen de forma muy poderosa las primeras experiencias olfativas cuando a nuestro alrededor se quema la piel de un animal, el cabello de una persona, o en escenarios menos agradables, el olor de un cadáver en combustión como en el caso de las guerras.

Con el tiempo podremos entender mejor cómo es que este sistema evidentemente orientado a la preservación de la vida ha permitido la entrada del sistema racional y consciente para adaptarlo a experiencias eminentemente humanas como es la perfumería, la gastronomía, y la manipulación de estados anímicos. Sólo una parte de ello daremos cuenta en el capítulo que corresponde al sistema 2.

Pasemos al segundo sistema de recolección sensorial especializado en sustancias químicas. El primero fue el sentido de la olfacción, el segundo al que nos dedicaremos en los siguientes párrafos es el del gusto. Este sentido particular se presenta prácticamente en todos los vertebrados superiores y se limita a la cavidad bucal. Es fácil confundir varios efectos del sentido de la olfacción como efectos del sentido del gusto dado la forma en que están interconectadas las cavidades craneales participantes.

Las células especializadas en el gusto se localizan sólo en los botones gustativos que podemos encontrar en la lengua, el paladar blando, la bucofaríngea, y la epiglotis. Llamamos así sistema gustativo a la información sensorial generada sólo por este conjunto de receptores; el sentido de olfacción se localiza anatómicamente fuera de la cavidad bucal y la vía neural que utiliza, es también diferente a la gustativa. Por ende, aunque subjetivamente y en términos funcionales ambos sentidos pudieran dar la impresión de influir uno sobre el otro, la realidad es que ésta unión sensorial no se da por la vía de entrada sino que se forma en términos tardíos en el lóbulo frontal.

El sentido del gusto en comparación al sistema de la olfacción reacciona a un conjunto ínfimamente menor de sustancias químicas. Mientras que, en el caso de la olfacción aún no se ha resuelto el dilema de los "aromas básicos", en el caso del sentido del gusto sí podemos identificar cuatro tipos de sensaciones gustativas primarias: agrio, salado, dulce, amargo.

Pese a la creencia popular de que estos sabores se detectan en lugares diferentes de la cavidad bucal, los estudios de laboratorio han demostrado que prácticamente todos los receptores gustativos responden a las cuatro modalidades primarias. La diferencia radica en los umbrales de activación, es decir, no todos los receptores gustativos se activan con la misma concentración de sustancias que provocan la sensación gustativa particular. Por ejemplo, los receptores localizados en la punta de la lengua requieren menor concentración de glucosa para activarse ante la reacción de una sensación dulce, pero ello no significa que la parte posterior bucofaríngea no sea capaz de detectar el sabor dulce, sólo que requiere de más cantidad para detectarlo.

El universo de las ondas
Los siguientes tres sentidos especiales responden a fenómenos físicos del orden de las ondas, ya sean mecánicas o electromagnéticas; las primeras son detectadas por sensores auditivos y vestibulares, las segundas por sensores de ancho de banda luminoso. Nos ocuparemos en los siguientes párrafos del circuito neuronal de la visión que no es sino el sistema de recolección de información visual del que nos provee el sistema nervioso central.

Con mucho, el sentido de la vista es el más privilegiado en la especie humana por sobre los demás sentidos con los que contamos. De toda la inmensidad en formas que la especie humana ha desarrollado para construir su civilización es innegable el dominio que tiene la experiencia visual. Simplemente nuestro sistema de comunicación principal que sostiene la misma esencia humana se basan en el sostén físico visual del lenguaje: el alfabeto y la lengua escrita.

No vamos a plantear aquí una descripción exhaustiva de la neuroanatomía de la visión, pero así como en los primeros párrafos advertimos del simplismo que puede provocar hablar del cerebro en los términos que se hace hoy día, reducir la visión a unos cuantos párrafos en este libro puede colocarnos en una postura muy reduccionista de la gran complejidad de este sistema, y las múltiples características, propiedades, estructuras, y particularidades que tendremos que obviar para dar paso al resultado final que permite la visión humana.

La visión como tal es la transformación de la información luminosa al exterior del cuerpo humano en imágenes mentales que coincidan de forma más o menos concordante con las propiedades físicas de los estímulos externos que provoca dicha información luminosa. Por lo tanto, el sentido de la vista requiere una primera condición física y es la existencia del espectro de luz visible para el ojo humano. En la oscuridad absoluta el sentido de la vista permanece totalmente inactivo por la vía sensorial de entrada de información, y las imágenes mentales que crea la corteza cerebral se deben nutrir de los demás sentidos así como de información previa almacenada en los centros de la memoria. Es sólo con presencia del espectro de luz visible que las neuronas sensoriales pueden mandar información nueva al cerebro.

Esta primera condición del sistema de visión nos aporta una realidad que en lo cotidiano solemos pasar por alto más de una vez. El ojo es el órgano que mira, pero el cerebro es el órgano que ve. El globo ocular humano es un órgano específicamente diseñado para recolectar los espectros de luz más relevantes para nuestra subsistencia. Las fuentes primarias de nuestra alimentación y las características físicas de nuestros depredadores forjaron hace ya un millón de años los espectros luminosos de aseguraban una supervivencia mucho más exitosa que la de otros primates con los que convivíamos. Entre el universo infrarrojo y hasta el borde ultravioleta se comprende el brevísimo ancho de banda al que el globo ocular es sensible.

Este ancho de banda es suficiente para nutrir una visión periférica que nos permita detectar la aproximación de posibles amenazas, la identificación de siluetas familiares en la penumbra nocturna, el reconocimiento de frutos y bayas de entre la frondosidad de arbustos y plantas. Al no tener una dieta basada en el polen como es el caso de las abejas, los seres humanos vemos el centro de las flores en un anónimo color amarillo pálido. Pero para las abejas, el centro de las flores aparece en su campo de visión como para los seres humanos aparecería una antorcha encendida en medio de la oscuridad. Estos pequeños insectos son sensibles a otro espectro luminoso más allá del que nosotros podemos observar por lo que, en términos sensoriales, si bien estamos expuestos a la misma realidad física, la percibimos de forma diferente.

Lo mismo ocurre con los mamíferos nocturnos, aquellos que han privilegiado el sentido de la olfacción hasta llegar a una equivalencia en cantidad de información recolectada en comparación con la visión. Especies como la musaraña y las ratas tienen ojos sensibles a espectros luminosos con ondas más lentas que el color rojo que percibimos los humanos. Para nosotros el espectro infrarrojo sería equivalente a verlo todo en blanco y negro, pero para estas especies que reciben cincuenta por ciento de las imágenes mentales por la vía olfativa y cincuenta por ciento por el sentido de la visión sería equivalente a observar el entorno con una termografía, como el personaje de "El Depredador" (*The Predator*).

Así, nuestra experiencia por el sentido de la visión refleja tan solo una parcialidad de la realidad física de nuestro entorno, resultado de las necesidades evolutivas de nuestra especie. En términos neurofisiológicos, el secreto detrás de la visión se encuentra en la retina, tejido conformado por diez capas diferentes donde se distribuyen cinco tipos de células de las cuáles sólo unas son receptoras de información luminosa. Se trata de dos tipos de neuronas sensoriales, las primeras se llaman bastones y las segundas se llamas conos, ambas reciben su nombre de la forma que evocan cuando se les ve bajo un microscopio.

La retina humana posee aproximadamente cien millones de bastones y entre seis y siete millones de conos. La diferencia entre ambos tipos de neuronas receptoras no está sólo en su forma, sino al ancho de banda que responden para excitarse. Los bastones son células fotoreceptoras que se excitan con los umbrales más bajos de estimulación, como el caso de la penumbra en la noche. A este tipo de respuesta sensorial se le conoce como visión escotópica, ya que carece de sensibilidad a detalles formales de los estímulos físicos, así como a la variación entre un ancho de banda y otro, por lo que los bastones se excitan de la misma forma con cualquier color.

Por su parte los conos son un segundo tipo de célula fotoreceptora que requiere de mayor cantidad de luz para excitarse. A diferencia de los bastones, los conos pueden clasificarse según el ancho de banda del espectro luminoso ante el cual se excitan, por lo que encontramos conos que sólo van a generar un impulso nervioso en el espectro de la luz roja, otros que sólo responderán al espectro verde, y otros que responderán al azul. Esta visión generada por los conos se denomina fotópica y al conjugarse con la visión escotópica de los bastones, la corteza visual recibe información suficiente para crear imágenes con el espectro de colores que reconocemos en la vida cotidiana.

La forma en que este conjunto de células sensoriales se comunican dentro del glóbulo ocular y se organizan para mandar la información recolectada por la vía neural correspondiente, la obviaremos en este caso. Advertimos sin embargo, que aproximadamente el ochenta por ciento del procesamiento de la información visual ocurre justamente en las capas de la retina para darnos una idea de todos los procesos que estamos omitiendo en esta explicación.

Continuemos más bien describiendo la vía neural.Una vez que el globo ocular recolecta información visual, esta viaja por el nervio óptico hasta una estructura, el quiasma, donde se cruza la información de ambos ojos para combinarse y proyectarse de nueva cuenta en dos tractos ópticos separados pero ya combinando la información de los dos ojos sin importar si uno u otro está dando prioridad a la información visual. El tracto óptico de cada ojo atraviesa una estructura llamada núcleo geniculado donde se concentra un relevo sináptico que mandará la información visual a la corteza visual en el lóbulo occipital del cerebro.

Podemos darnos cuenta que el circuito visual es largo en términos anatómicos, ya que, además de que la información visual debe procesarse en la retina, esta tiene que viajar por un largo nervio que atraviesa todo nuestro cráneo, desde el rostro hasta la parte posterior, justo por arriba de la nuca. Todo este viaje lo concluye un sólo estímulo visual en aproximadamente cien milisegundos, y por esta misma propiedad física cuando llega información a la corteza visual ya existe nueva información en la retina, lo que provoca un desfase entre la información que acaba de llegar y la que está excitando al globo ocular en ese momento.

Existen varias ilusiones ópticas que permiten ilustrar este desfase de información que hay entre el globo ocular, la corteza visual, y el lóbulo frontal donde se traducen las imágenes y se mandan al plano consciente.

Pasamos ahora al sentido de la audición, un sistema sensorial diseñado para detectar perturbaciones mecánicas en el ambiente en la forma de ondas sonoras. La física detrás de estas ondas implica una interrogante en la biología evolutiva, ya que el sentido de la audición se comparte entre todos los vertebrados pero con diseños y sensibilidades todavía más diversos que en el caso del sentido de la visión. Algunos expertos creen que el sentido de la audición tiene origen en la especialización de células táctiles particulares que en su origen respondía a vibraciones de muy baja frecuencia. Si bien todavía no contamos con una explicación clara, sí sabemos que el sentido del oído está en segundo lugar dentro de los sentidos que utiliza el ser humano sólo detrás de la visión.

Las ondas sonoras son en el más simple de los términos perturbaciones mecánicas en el momentum del spin de las moléculas. Esta perturbación libera una energía que choca a través del medio donde se da, hasta que se propaga totalmente. El sonido existe en cualquier medio donde haya moléculas disponibles para resonar esta propagación. Por lo tanto, el sonido viaja tanto en estados sólidos como en acuosos y como en el aire. Es sólo en el vacío donde no pueden viajar este tipo de ondas. Dependiendo el medio donde primordialmente habita una especie es que ha evolucionado el sentido de la audición. Este hecho sólo permite explicar una parte del por qué unas especies responden a cierto ancho de banda auditiva y otras no.

Las ondas sonoras se pueden describir justamente con dos medidas físicas: la frecuencia nos habla de la velocidad vibratoria de la onda y la amplitud nos habla de la cantidad de energía que transmite dicha onda. El oído humano está diseñado para escuchar frecuencias entre los veinte y veinte mil Hz solamente. Sabemos, por ejemplo que los caninos detectan frecuencias todavía más elevadas y que los insectos nocturnos como las polillas son tan sensibles a las frecuencias por encima de los veinte mil Hz que la percepción que tienen de las ondas sonoras sería equivalente a poderlas observar como nosotros podemos ver el color de los objetos.

El oído humano tiene una estructura perfectamente diseñada para transformar estas ondas en movimiento mecánico y dicho movimiento utilizarlo para excitar a las neuronas sensoriales específicas que se requieren para transformar las ondas en información auditiva. El primer tejido con el que se topa una onda sonora en el cuerpo humano es con el tímpano, una membrana delgada pero muy resistente que vibra en resonancia con las propiedades físicas de la onda sonora con la que choca.

Esta membrana tiene adherido un huesecillo llamado martillo, el cual oscila colgado de un segundo hueso llamado yunque del cual también cuelga un tercer hueso llamado estribo. Este tercer huesecillo, el estribo se ajusta al interior de un tejido llamado ventana oval que conecta con la estructura en forma de caracol llamada cóclea justamente por la forma que tiene. Así cada vez que vibra el tímpano de adentro hacia afuera del oído en resonancia con la onda sonora, los huesecillos transforman este vaivén en un movimiento oscilatorio del estribo que entra y sale de la ventana oval en proporción a este movimiento.

Adentro de la cóclea está un líquido que absorbe esta vibración, y revistiendo las paredes de la cóclea se encuentran aproximadamente veinticinco mil células sensoriales que proyectan dentro del líquido coclear sus cilios que se mueven en vaivén con la oscilación del líquido. Cada cierto conjunto de células sensoriales se excitan con una cierta velocidad de oscilación, así es como la biología ha resuelto transformar la frecuencia de una onda sonora con diferentes subgrupos de neuronas que sólo envían información auditiva si el líquido coclear vibra a una frecuencia especifica.

Una vez entendido este principio, sabemos que hay ciertas frecuencias auditivas que no percibimos por la sencilla razón que no contamos con neuronas sensoriales que se exciten a dichas frecuencias. La que acabamos de describir es sin embargo una de tres rutas por las que el sentido de la audición detecta ondas sonoras y se le llama de forma técnica como la ruta osicular.

Existe una segunda ruta alterna cuando por alguna razón los huesecillos han sufrido algún daño y es la denominada ruta aérea. Esta es una ruta para emergencias dónde la cóclea sólo puede reconocer variaciones acústicas muy someras pero no permite distinguir sonidos específicos.

La tercer ruta auditiva es la ósea y esta quizá la haya experimentado toda persona por lo menos una vez en la vida cuando apoyamos el cráneo directamente a una superficie donde se transmite algún sonido como en el caso típico del llanero solitario, quien pegaba su oído a las vías del tren para saber si se aproximaba un ferrocarril aunque éste estuviera todavía más allá de lo que la vista permite ver.

La razón de que esto pueda ocurrir es que las vibraciones provocadas en la materia sólida viajan directamente por el cráneo y éste al vibrar sacude los huesecillos del oído estimulando la cóclea y permitiendo detectar cierto espectro auditivo. Si bien en la vida cotidiana no tiene gran utilidad, esta vía sí lo es en ciertas profesiones como el buceo industrial y en ciertos padecimientos como la sordera provocada por lesiones en el tímpano.

El espectro auditivo al que somos sensibles los seres humanos si bien es mucho menor comparado con la mayoría de los mamíferos, pareciera ser suficiente para detectar sonidos particularmente significativos, independientemente de las cargas lingüísticas o simbólicas que después se le añaden. Se trata del gruñido, el aullido, y el llanto; estas variedades sonoras generadas por todos los mamíferos superiores se encuentran dentro del rango de frecuencias que detectamos con mayor facilidad tanto en claridad como en intensidad.

No son extraños los relatos de madres que después del parto aseguran ser capaces de identificar el llanto de su bebé sin importar la distancia o si se encuentran en una fase de sueño profundo. Menos común dada la dificultad para recordarlo son las primeras imágenes auditivas que como humanos podemos identificar; el reconocimiento de la voz humana y su eventual discriminación de los sonidos generados por otras especies parece darse según las investigaciones más serias dentro del primer mes de nacimiento.

Aunado a esto existen otros sonidos de la naturaleza dentro del rango de frecuencias al que somos sensibles, especialmente la combinación provocada por las explosiones, por los rayos en una tormenta así como el sonido al reventar una ola fuertemente contra las rocas. Del mismo modo podemos detectar con incómoda nitidez el zumbido de un mosquito durante la noche o el gotear constante de una gotera a varios metros de distancia cuando no hay ningún sonido contra el que compita.

Esta sensibilidad nos permite ilustrar que el sentido de la audición ha evolucionado para detectar al igual que la vista, tanto amenazas de vida como fuentes para preservarla; en este caso, el sonido del agua goteante o corriente es uno sorprendentemente fácil de detectar incluso si nunca se ha tenido experiencia previa del mismo como cuando ocurre al llevar por primera vez a un día de campo a un grupo de escolares. Este grupo de niños citadinos que quizá nunca en su vida hayan tenido contacto con un río ni conozcan empíricamente qué sonido provoca, no tendrán reparo ni en reconocerlo ni en identificarlo.

Del espectro auditivo existente en la naturaleza y en nuestro día a día hemos perdido en esta especialización evolutiva varios sonidos que no podemos detectar pero que otros mamíferos detectan con facilidad. Por ejemplo, los caninos son sensibles a frecuencias superiores a los veinticinco mil Hz permitiéndoles reconocer ciertos silbidos provocados por presas naturales de los mismos, como son los roedores y los reptiles que herpetan por debajo de la tierra.

Por su parte los felinos pequeños dentro de los cuales se encuentra el gato doméstico, son capaces de escuchar el zumbido que produce la corriente eléctrica en nuestros hogares así como las más bajas frecuencias que producen los movimientos peristálticos de sus dueños. La experiencia con nuestros animales domésticos nos permite reconocer que nos perdemos de un amplio número de estímulos auditivos que no por ser incapaces de detectarlos sean inexistentes.

Finalmente exploraremos el quinto y último sentido especializado, cuya naturaleza tácita ha hecho que se le obvie en la mayoría de los libros de texto. Se trata del sentido vestibular, que es el sentido de la orientación propia del cuerpo humano en relación a su verticalidad y a los giros que realiza la cabeza en relación al propio cuerpo. Dicho de forma simple es el sentido que nos dice dónde está el arriba y el abajo, la derecha y la izquierda. En forma más compleja, es el sentido que mantiene la línea media que ordena los movimientos globales del cuerpo humano para una marcha estable donde todas las fuerzas que intervienen en este movimiento se balanceen armónicamente sobre el centro de gravedad más estable posible.

La existencia del sentido vestibular la descubrimos todos los seres humanos entre los tres y seis años de edad con la experiencia de juegos rotativos como puede ser el tiovivo, o las ruedas de la fortuna. El niño descubre fascinado cómo en su cuerpo hay una fuerza extraña que lo empuja a una dirección diferente a la que él desea dirigirse recién desciende del juego. Experimentará con su propio cuerpo girando sobre su propio eje pues no da crédito de cómo este movimiento altere su joven sentido de la orientación. Si insiste demasiado en ello experimentará una consecuencia poco agradable en la forma de nausea, pues el mareo lo asocia su cerebro con una intoxicación o envenenamiento.

Esta experiencia de mareo o vértigo es menos lúdica para el adulto, quien ya ha tenido suficientes experiencias para corroborar la existencia del sentido vestibular. Los alcohólicos y bebedores que pierden la métrica de su tolerancia al alcohol suelen experimentar también los efectos que provoca la alteración de la sensibilidad del sistema vestibular. También descubren la magia que provoca "hacer tierra" para aportar elementos adicionales de orientación a este sistema.

Estas experiencias solían ser más útiles cuando debíamos valernos más del sistema vestibular antes de la invención y generalización de la iluminación eléctrica nocturna, así como del uso predominante de superficies totalmente horizontales para nuestros asentamientos urbanos. Hay evidencia de participación mucho más predominante del sistema vestibular en otras épocas de la humanidad como en el siglo XVIII, donde la orientación espacial tanto en las ciudades como en el mundo general dependía en mayor medida de orientar adecuadamente la posición del cuerpo. Ficciones que nos hablan de personas que aseguran haber volado o ver levitar a un santo, son testimonios de estas experiencias cuando éramos más susceptibles a los engaños que provoca la alteración de este sistema.

Si pudiéramos imaginarnos en épocas aún más primitivas, sin duda el sentido vestibular tuvo una participación notoria para adaptarnos al paso evolutivo entre los homínidos precursores del ser humano y el *homo erectus*, posición poco natural para prácticamente el resto de los primates. Aunado a esto debemos recordar que carecemos de cola, un órgano importantísimo en los vertebrados y que responde de forma directa a la información generada por el sistema vestibular. Hoy sólo nos queda de la cola el vestigio autonómico del escalofrío, esa descarga eléctrica que recorre la columna vertebral buscando reorientar el apéndice espinal con el que ya no contamos.

Estos son los cinco sentidos especializados con los que cuenta nuestro SNC para recolectar información al exterior de nuestro cuerpo y permitirle al cerebro tomar decisiones, ¿qué tipo de decisiones? Ahora podemos definir con claridad que son decisiones del orden vital. Cuando se habla de decisiones inconscientes no estamos hablando sino de estas que responden a estas vías especializadas de información sensorial.

No se trata de decisiones que se desprenden de un procesamiento, sino más bien de reacciones neurológicas centradas en la ponderación de las condiciones en las que se encuentra el organismo vivo y las opciones con las que cuenta en ese momento. Si pudiéramos resumir qué tipo de decisiones toma el cerebro en el sistema 1, podemos ahora asegurar que son de dos tipos: de alertamiento y de orientación.

Cuando hablamos de alertamiento nos referimos a pasar de un estado pasivo u homeostático a un estado de preparación y de agudización de todos los sentidos. Este alertamiento se origina a partir de la más mínima cantidad de información relevante recolectada por cualquiera de nuestros sentidos especializados. El estado de alertamiento tiene la ventaja de poder generarse en cualquier fase consciente durante la vigilia y en cualquier fase de sueño. Además el alertamiento cuando es desencadenado por estímulos sensoriales suficientemente relevantes puede incluso activarse en estados alterados de la consciencia. No son extrañas las anécdotas donde una persona con demasiado alcohol en la sangre recupera la cordura con un buen susto.

Ahora bien, cuando nos referimos a la orientación estamos hablando de una jerarquización y ordenamiento de los sentidos especializados. Es decir, el cerebro decide el orden e intensidad en que la información aportada por los sentidos será procesada. Cuando observamos el televisor, nuestro cerebro decide sin avisarnos que la información visual y auditiva son prioritarios y que el televisor es el estímulo relevante; estímulos olfativos, gustativos, y vestibulares son pasados por alto pues no hay orientación hacia estas vías de estimulación en ese momento.

No nos extrañe que durante la observación de un buen partido de fútbol, los espectadores puedan comer prácticamente cualquier cosa. Por el contrario, los restaurantes más premiados aseguran un entorno suficientemente neutro para incentivar a que el cerebro priorice la información gustativo y olfativa por sobre otros aspectos.

Un poco de caos en la piel

Además de los sentidos especializados el cerebro cuenta con un conjunto de células sensoriales que no se agrupan en vías neurales específicas. Mientras que el sentido de la vista conglomera todas las células fotoreceptivas del globo ocular en un nervio óptico y este viaja de forma directa hasta la corteza visual, lo mismo para los otros cuatro sentidos especializados, los sentidos generales no viajan por nervios específicos sino que se unen a la red del sistema nervioso periférico casi siempre por la vía medular. Esto tiene ciertas ventajas, la primera es que no toda la información de los sentidos generales requiere de la participación del cerebro, y la segunda es que son menos proclives a perderse ante una lesión de las vías neurales participantes en su transmisión.

Los receptores sensoriales generales proporcionan información al sistema nervioso sobre la localización, intensidad, y duración de los estímulos periféricos tanto al exterior como al interior del cuerpo humano. De forma subjetiva los seres humanos estamos familiarizados con los órganos exterorecepetores a los cuáles los englobamos bajo el concepto de "sentido del tacto". Menos familiares son los órganos propioceptores de los cuales sólo son conscientes los atletas pues son los órganos que detectan estímulos musculares, tendinosos y articulares. Finalmente tenemos cierta noción subjetiva de los nervios viscerorrecepetores que aportan información de los órganos internos del cuerpo.

Existen ocho tipos de órganos receptores sensoriales generales. Los más simples son las terminaciones nerviosas libres y son axones diseñados específicamente para ser excitados por la simple estimulación. La mayoría de las sensaciones viscerales se generan con éste tipo de receptores y es por ello que resulta difícil describir las sensaciones hacia adentro del cuerpo humano pues estas terminales nerviosas pueden excitarse por varias causas, desde una presión física más allá de la habitual hasta el contacto con el aire.

Las terminaciones nerviosas más interesantes sin embargo, son las que están regadas por toda la superficie del tejido de la piel, y es francamente inexplicable rastrear todos los antecedentes evolutivos que permitiría explicar las razones por las que están organizados de la forma en que los encontramos del estado actual de la evolución humana. Así que no nos detendremos tanto en los antecedentes biológicos sino nos centraremos en sus características funcionales para nutrir la dimensión de la inmediatez y la intuición que comprenden al sistema 1.

Comencemos así con las terminaciones denominadas corpúsculos táctiles de Meissner, los cuáles están distribuidos de forma más o menos similar en toda la piel pero con una concentración particular en la palma de la mano, los dedos, las plantas de los pies, los pezones y los labios.

La forma más fácil de experimentar la sensibilidad de estas terminaciones es tomar un pincel fino y escribir sobre la superficie de estas regiones con los ojos cerrados y tratar de adivinar que está escribiendo la persona. Después se puede comparar con la parte superior del pie o con la espalda donde hay una menor cantidad de corpúsculos táctiles. La diferencia en la sensibilidad es notoria. Una segunda forma de constatar la sensibilidad de los corpúsculos de Meissner es colocando una pequeña hormiga en la palma de la mano y dejarla deambular libremente. Se notará que mientras la hormiga camine por la palma se pueden detectar incluso los movimientos de sus patas pero una vez que rebase la muñeca y pase al antebrazo sólo con la vista se le puede rastrear con seguridad pues la información táctil resulta insuficiente.

Un segundo tipo de terminaciones nerviosas son los corpúsculos de Pacini, peculiares al ser las únicas neuronas macroscópicas del cuerpo notorias a simple vista cuando nos cortamos con un cuchillo la yema de los dedos. Estos son los sensores responsables de detectar vibraciones particularmente rápidas siendo sensibles hasta trescientos Hz, y se activan de manera constante si hay un cambio gradual en la posición del estímulo vibratorio.

Las sensaciones de suavidad y aspereza se generan con la excitación de estos receptores. No nos extraña que por esta capacidad sensorial podamos encontrar más de un tercio de ellos concentrados tan sólo en las yemas de los dedos; siendo el resto de los corpúsculos en el cuerpo distribuidos en regiones susceptibles a la excitación como son los genitales externos y las glándulas mamarias.

Un tercer tipo interesante de terminación nerviosa son los husos neuromusculares las cuáles responden al estiramiento de los tendones y a una compleja ramificación tanto en fibras musculares y el músculo esquelético. La experiencia subjetiva clásica con la que se demuestra la sensibilidad del huso neuromuscular es con la medición de los reflejos automáticos al golpear el tendón de la rodilla mientras se cuelga la pierna en posición cruzada.

Este juego tan común y que forma parte de exploraciones neurológicas más serias da cuenta de la sensibilidad que tiene el sistema neuromuscular al movimiento. La información recolectada por los husos neuromusculares se complementa con los órganos tendinosos de Golgi los cuales no le rinden cuentas al sistema nervioso central generando respuestas autonómicas tendonales muy particulares diseñadas para corregir torsiones o estiramientos excesivos sin que para ello tenga que intervenir el cerebro.

Un cuarto y último tipo de terminación que nos interesa en nuestro campo, son los denominados corpúsculos de Ruffini, los responsables de recolectar variaciones en la piel ligadas a la temperatura. Estos corpúsculos son del tipo mecanorreceptor, es decir, se relacionan con las sensaciones de presión como un detector de velocidad y posición. Los precursores más primitivos de estos corpúsculos los encontramos en prácticamente todos los vertebrados escamosos o en las partes escamosas, como por ejemplo pueden ser las patas de las aves.

Los corpúsculos de Ruffini más evolucionados en mamíferos con pelambre se caracterizan por alterar su funcionamiento dependiendo la temperatura a la que se expone el tejido dérmico.

Si la piel es estimulada con una sustancia más caliente que la temperatura corporal, la velocidad de descarga del corpúsculo de Ruffini disminuye; por el contrario, si se estimula con una sustancia más fría que la temperatura corporal, la velocidad de descarga del corpúsculo de Ruffini aumenta. De esta manera el cerebro interpreta la respuesta mecano-receptora como un indicador de temperatura de los estímulos. En nuestra experiencia cotidiana es muy fácil saber cuándo no hay corpúsculos de Ruffini presentes en el tejido, como cuando bebemos un trago de té demasiado caliente.

La cavidad bucal cuenta con una cantidad idónea de estos corpúsculos para enviar señales de temperatura al cerebro, y nuestra respuesta intuitiva ante un estímulo demasiado caliente en la boca es expulsarlo de la misma. Con el aprendizaje descubrimos que si pasamos rápidamente al esófago la sustancia caliente esta deja de sentirse como tal. Esto no se debe a que el trago de té mágicamente se haya enfriado en la garganta, sino a que no existen corpúsculos de Ruffini al interior del tracto digestivo; el té sigue estando caliente y sigue causando estragos por su temperatura, pero no contamos con sensores para detectarlo.

Sólo de forma anecdótica mencionaremos la existencia de los corpúsculos de Golgi-Mazzoni, y los bulbos terminales de Krause como órganos receptores que también recolectan información sensorial pero de cuyo funcionamiento aún no tenemos total claridad.

Sistema 2: La dimensión de la razón

El primer sistema al que nos referimos en el apartado anterior construye lo que varios autores denominan la realidad sensorial. Hemos concluido que llamar así al sistema 1 es inapropiado, pues existen decisiones activas que el SNC toma y ejecuta dentro de la realidad que conforma al sistema 1, es decir, no sólo se recolecta información del exterior, sino se interpreta de forma rápida para establecer prioridades de orientación así como decidir si se activa un estado de alertamiento o se mantiene un estado de reposo.

Una segunda lectura del sistema 1 sería entonces que se trata de nuestra dimensión biológica; si bien es más preciso referirnos como tal al sistema 1, sigue siendo impreciso señalarlo como un reduccionismo de la biología humana. Se le denomina sistema 1 desde la teoría de toma de decisiones porque en un análisis del flujo de información matemático, existen datos, existe una interpretación y existe una consecuencia ejecutiva de dicha interpretación. No es ni exclusivamente sensorial, ni simplemente biológica; el gran aporte de la neuroeconomía de Kahneman es justamente señalar al sistema 1 como una primera entidad de toma de decisiones en el ser humano.

El tipo de datos que maneja el sistema 1 son, eminentemente sensoriales y de dos tipos como ya vimos: reacciones químicas y ondas. Estos datos se transforman en información mediante un mecanismo de señalización de prioridades ya programado previamente en el código genético que conforma nuestro ADN humano. El tipo de decisiones ejecutivas que se desprenden de este mecanismo de señalización son básicamente enfocadas a la preservación de la vida de nuestro organismo. De ahí que la acción primordial observable del sistema 1 sean las manifestaciones subjetivas de estados de alerta: el estrés, la atención, la llamada al silencio, los estados de pánico y alarma, etc.

Ahora pasaremos a describir el sistema 2, donde reside nuestra conciencia humana y por ende, las decisiones ligadas a la razón. Cuando nos referimos a razón lo hacemos en su más extensa dimensión, como las denomina Luria, las funciones corticales superiores del ser humano. A la fecha los neurocientíficos hemos logrado discriminar cuarenta y cuatro procesos neuropsicológicos diferentes, es decir, cuarenta y cuatro manifestaciones de la conducta humana con un correlato neuroanatómico especifico.

Comencemos con una primera diferenciación fundamental que marca el paso del sistema 1 al sistema 2, dicho de otra manera el paso de la inmediatez a la conciencia. Marcaremos así el límite de un lado lo que llamaremos sensaciones y colocaremos bajo este término la información recolectada por la vía de los sentidos descritos en el capítulo anterior. Del otro lado de nuestro marco de términos pondremos el límite en lo denominado como percepciones.

Efectivamente la dimensión consciente no es una realidad sensorial, es una realidad perceptual. Si tomamos como referencia la vía neural del sentido de la visión que revisamos en el capítulo anterior, los conos y bastones son neuronas sensoriales que se excitan con un ancho de banda del espectro luminoso específico, y el resultado de ello es una lluvia de datos que la corteza visual interpreta como información sensorial. La imagen mental que se forma en la consciencia de esta información ya no es del tipo visual, es decir, ya nada tiene que ver con la información recolectada por los conos y bastones; o por lo menos estos datos sólo son una parcialidad de los que construyen la imagen mental.

El sentido de la visión alimenta el sistema de percepción visual, que es diferente y funciona primordialmente desde y hacia la misma corteza cerebral. La clásica pregunta de si los invidentes pueden ver, es afirmativa desde el punto de vista neurofisiológico, pues pese a que no miran con los ojos, su sistema de información de imágenes mentales se nutre de las demás vías sensoriales.

La percepción como tal, es un universo que requeriría una docena de capítulos en este libro por lo que trataremos de sintetizar en breves enunciados su funcionamiento específico en el mundo de la mercadotecnia en el próximo capítulo. Por el momento basta saber que sensación y percepción son dos universos diferentes que poseen una relación cíclica de retroalimentación.

Esto se ilustra con gran facilidad con la paradoja de la estereognosia. Imagine el lector que es invidente de nacimiento por lo que nunca ha tenido la experiencia visual y su sistema de percepción (racional y consciente) se ha nutrido todos estos años de las demás vías sensoriales para formar las imágenes mentales de objetos cotidianos. Ahora imagínese que en esta condición de invidencia se le pone en las manos una esfera de piedra para aprender justamente cómo es una forma esférica. Este conocimiento será adquirido a través de la interpretación perceptual de la información que aportan los receptores que en su conjunto nutren el tacto, en este caso los corpúsculos de Vater-Pacini y los de Meissner, como vimos en el capítulo anterior.

Siguiendo con el ejercicio, imaginemos que retiramos la esfera de las manos, una vez se ha adquirido este concepto de "esfera" y ahora le colocamos en las manos un cubo de piedra para realizar exactamente la misma operación. El tipo de datos es el mismo, los sensores que generan la información también son los mismos y será el sistema perceptual el que clasifique esta información para lograr identificar que hace diferente la experiencia táctil de la esfera de la experiencia táctil del cubo.

Ahora viene la paradoja: imagine el lector que se somete a una novedosa cirugía para recuperar la vista y los primeros dos objetos que observa mediante el nuevo sistema visual recién estrenado son una esfera y un cubo de piedra. Los conceptos de esfera y cubo ya existen en el sistema perceptual del lector, la pregunta es ¿podrá reconocer la esfera y el cubo con sólo mirarlas por primera vez? Aunque por muchos años se creyó que esta paradoja no tenía respuesta cierta, hoy sabemos que gracias a que el sistema perceptual retroalimenta a los sentidos y no sólo recolecta datos de los mismos, podemos asegurar que el lector podrá reconocer una esfera cuando la vea por primera vez pues esta experiencia visual se verá retroalimentada por la imagen mental que de la esfera ya se había formado mediante los otros sentidos.

Más complejo en el sistema perceptual es la participación que tiene el conocimiento racional en la retroalimentación de los sistemas sensoriales. Para ello utilizaremos una segunda paradoja, también muy popular. Imagínese el lector que vive en un mundo donde los globos oculares solo reconocen espectros luminosos en blanco y negro, por lo que no existen los conos como neuronas receptoras de los colores. Palabras más palabras menos, se trata de un mundo donde todos los seres humanos recolectan información visual en blanco y negro. Sin embargo, con el mismo nivel de tecnología que tenemos en la actualidad hemos descubierto como especie que los colores existen, solo que no podemos verlos.

Ahora imagine el lector que es un científico experto en teoría del color y ha dedicado varios años en la academia para saber todo lo que del color rojo se pueda saber. Sabe por ejemplo que las ondas más rápidas como los rayos gama tienen una longitud de onda de diez a la menos seis nanómetros, mientras que las ondas de radio tienen una longitud de varios kilómetros. Así el lector en sus años de investigación ha logrado determinar con exactitud que el espectro de luz rojo tiene una onda de seiscientos cincuenta nanómetros. También ha logrado determinar que dado que al amanecer el espectro de luz solar tiene que recorrer mayor distancia en la atmosfera por lo que si pudiéramos verlo los amaneceres serían de color rojo.

Ahora viene la segunda paradoja: imagine que un colega suyo ha inventado unos lentes para poder transformar de alguna manera el espectro de luz de tal forma que artificialmente el ojo humano pueda ver los colores; al ser un experto en el color rojo desde el punto de vista técnico-científico ¿sería usted capaz de señalar cuál de todos los colores que está viendo es el rojo? La respuesta a esta interrogante sigue siendo paradójica y no sabemos bien a bien si con sólo el conocimiento bastaría para reconocer la experiencia eminentemente sensorial.

Vemos así la enorme diferencia entre percepción y sensación. Ahora pasemos a la segunda función cognoscitiva de interés en el sistema 2; se trata nada más y nada menos que de la memoria. Esta palabra tan simple encierra un complejísimo y basto sistema que los neurocientíficos seguimos estudiando y de cuyo funcionamiento año con año hay nuevos y sorprendentes descubrimientos. Tan solo discriminar los tipos de memoria existentes en el ser humano resulta ya de por sí un debate abierto entre las diferentes escuelas del estudio científico del cerebro humano.

El lugar donde nacen los recuerdos

Popularmente se acostumbra hablar de la memoria como una dualidad simple, una inmediata que recolecta y almacena experiencias a lo largo del día, y una a largo plazo que a manera de baúl de los recuerdos que conserva memorias importantes a lo largo de los años. Esa dualidad sólo es útil para algunas descripciones en padecimientos amnésicos o para simplificar la experiencia subjetiva en la vida cotidiana. Un estudio profundo del cerebro va mucho más allá de esta simplificación. Basta decir que tan sólo la que se acostumbra llamar "memoria a largo plazo", se conforma a su vez de una dualidad sistemática; por un lado declarativa y explícita mientras que por el otro lado es no declarativa e implícita.

En palabras sencillas la memoria a largo plazo no siempre conserva lo que cotidianamente llamamos recuerdos (memorias explícitas), sino que además conserva imágenes mentales casi siempre adquiridas por el sistema perceptual pero que carecen de componentes estructurables lingüísticamente, como es el caso de las huellas mnémicas de los primeros años de vida.

Desde el punto de vista más subjetivo la memoria puede dividirse en memoria semántica, también denominada factual y memoria episódica, conocida también como autobiográfica. Es decir, el estudio de la memoria distingue entre los recuerdos que hacen referencia a los hechos y los recuerdos que hacen referencia a las propias experiencias; cada uno de ellos requiere de la participación de sistemas neuronales diferentes. El síndrome del falso recuerdo es el ejemplo clásico donde una persona es capaz de recordar experiencias de forma vívida respecto de su pasado pero que fácticamente nunca ocurrieron.

En lo que respecta a la memoria no declarativa o implícita, se pueden distinguir los recuerdos implícitos-a-objeto, y los recuerdos procedurales. Los primeros tipos de recuerdos son aquellos que se detonan sólo mediante la experiencia de estímulos sensoriales específicos o a través de la percepción precisa de un agente que detona dicha memoria.

No debe confundirse esto con un fenómeno como si de revivir la memoria se tratara, tanto la persona como el sistema de memoria saben que se trata de un recuerdo, contrario a lo que algunas ficciones pretenden señalar, como las famosas "anclas" de la programación neurolingüística. Los recuerdos implícitos-a-objeto son más bien del tipo como cuando suena el sonido de un teléfono que hace mucho no escuchábamos e inmediatamente viene a nuestra mente de donde viene esa experiencia.

La memoria procedural es por su cuenta uno de los tipos de memoria implícita que más utilizamos en la vida cotidiana, y son los recuerdos en relación a la ejecución de acciones que no requieren ser revisados por procesos racionales. El ejemplo clásico es aprender a conducir un auto. Si bien el aprendizaje inicial de la conducción exige tanto atención como uso de prácticamente todas las funciones corticales superiores, es mediante la repetición constante que los procesos involucrados poco a poco se desvisten de nociones semánticas y se transforman en movimientos casi automáticos. Es decir, son acciones que pasan de la memoria a su ejecución sin pasar por el pensamiento.

¿Cómo es que se ha vuelto tan complejo algo que pareciera ser tan simple como la formación de memorias y recuerdos? Quizá si profundizamos un poco en la forma en que se crean las memorias podamos visualizar como en verdad solo es simple desde la experiencia, pero es altamente intrincado desde las estructuras y procesos neuronales que participan en ello. Comencemos así con enumerar los que serían los pasos o "la receta" para formar una memoria. Estos en realidad son cuatro pero no ocurren de forma secuencial sino más bien los tres últimos se desencadenan en paralelo cuando se da el primero.

En este sentido hablaremos del proceso inicial responsable de la creación de una memoria y que pertenece por su naturaleza al límite del sistema 1. Se llama registro, o memoria sensorial a este primer componente de formación de recuerdos. Pese a su nombre de memoria sensorial, no es estrictamente aún una memoria pero tampoco ha pasado al sistema perceptual; el registro está en el límite entre los sentidos y su transformación en percepción. Este registro es parecido a un trazo o un esbozo que se ha simplificado a partir de esquemas o modelos a los que el organismo humano se ha predispuesto. Por ejemplo, nuestra predisposición a generar el sonido del llanto cuando somos bebés nos hace proclives a transformar la experiencia sensorial de nuestro propio llanto en un registro que será transformado en una memoria muy útil durante nuestros primeros meses de vida.

Para que el registro se transforme en memoria deben darse tres pasos adicionales: La memoria inmediata, el ensayo y la reverberación; los tres inician al mismo tiempo pero se extinguen de forma secuencial. Primero la memoria inmediata es una especie de almacenaje a corto plazo donde el registro inicial toma forma distinguible creando un conjunto de sinapsis específicas que crean un código traducible como una llamada de atención. Si no se da esta llamada de atención, no se hace la transición del sistema

1 al sistema 2 por lo que la memoria inmediata siempre debe generar una respuesta atencional para nutrir los otros dos pasos que lo componen. Si la experiencia no activa la atención, no se formará la memoria más allá de la inmediatez. Quizá la experiencia cotidiana más común es cuando observamos rápidamente el reloj para consultar la hora e inmediatamente alguien nos pregunta qué hora es sin que podamos responderlo. Esto se debe a que el registro pasó a la memoria inmediata, se alimentó la orientación que detonó la necesidad de consultar el reloj, se extinguió esta necesidad y por ende se extinguió la memoria pues su utilidad caducó y no generó una llamada de atención.

Paralelo a la memoria inmediata comienza el proceso de ensayo o "entrenamiento". Esta es una función de repetición mental para que la experiencia dure más de lo que realmente ha durado en la realidad. Siguiendo el mismo ejemplo de mirar la hora en el reloj, de haberse generado una llamada de atención, el sistema de memoria hubiera activado el proceso de ensayo y al ser cuestionados sobre qué hora es, hubiéramos sido capaces de responder pues pese a ya no estar observando el reloj, la experiencia se estaría repitiendo en ese momento en nuestra mente.

El tercer proceso paralelo que activa el registro para que este se transforme o no en una memoria es el de reverberación, a falta de un mejor nombre para describirlo. La reverberación es una especie de ensayo continuo que se mantiene por uno o dos días mientras que el conjunto de demás memorias formándose en ese momento asumen como necesaria la preservación de esta que se encuentra en estado de reverberación.

Si por ejemplo alguien nos pregunta qué hemos desayunado esta mañana, el proceso de reverberación nos ayudará a recordarlo, pero si lo que desayunamos hace tres días no fue relevante ya lo hemos olvidado; por el contrario quizá seamos capaces de recordar con quién y en qué lugar pues ambas memorias sí se consideraron como relevantes mientras estaban en estado de reverberación.

Cuando el registro se transforma exitosamente en una memoria inmediata, que se ensaya y reverbera en un periodo de uno a dos días pasa a un segundo tipo de memoria denominada memoria a largo plazo en términos conocidos o como memoria secundaria en términos un poco más modernos. La memoria secundaria es una de consolidación que puede darse en paralelo a la formación de una inmediata o por el contrario puede requerir constante retroalimentación.

Un ejemplo del primer caso es cuando se crea la memoria de los efectos nocivos de poner la mano sobre una plancha caliente; un ejemplo del segundo caso es el aprendizaje de un segundo idioma. Difícilmente después de una quemadura grave seremos capaces de olvidar lo que colocar la mano sobre una plancha caliente nos provoca, mientras que pese a estudiar un segundo idioma por cinco años si nunca somos capaces de ejercitarlo seguramente parte del aprendizaje se irá perdiendo con el tiempo y requerirá un reaprendizaje del mismo.

Los sistemas neurales involucrados en el proceso de consolidación son diversos y difíciles de investigar de forma experimental, por lo que el uso de modelos animales en laboratorio suelen ser los más útiles para explicar algunas de las más grandes interrogantes de cómo se consolida la memoria. Uno de los grandes misterios que se sigue investigando, por ejemplo, es el del aprendizaje incidental, llamado popularmente "suerte de principiante".

Este aprendizaje incidental es aquel donde una persona sin experiencia alguna de un tema o una actividad destaca en un primer momento por una pericia aparentemente natural la cual poco tiempo después se extingue. Ejemplos cotidianos hay muchos, como hacer una chuza la primera vez que se juega boliche, o meter un hoyo en uno la primera vez que se juega al golf para no lograrlo después nunca más sino hasta que se adquiere un aprendizaje más formal.

Respecto de la memoria declarativa que es la que se puede explorar mediante el uso de recursos lingüísticos es importante distinguir entre recuperación y reconocimiento; cuando hablamos de recuperación hablamos estrictamente de la "recuperación de un recuerdo" en nuestra memoria a modo de información que pareciera haber estado oculta y que implicó una especie de "búsqueda" entre los archivos de nuestra memoria secundaria. Mientras tanto el reconocimiento es ese proceso casi automático en el que información del pasado se nos aparece de repente a modo de memoria cuando una experiencia presente la detona.

Quizá el ejemplo más frustrante que solemos vivir para contrastar ambos procesos es cuando nos saluda una persona que nos cruzamos por la calle, cuyo rostro podemos *reconocer* pero no podemos *recuperar* de las profundidades de nuestra memoria su nombre o de dónde le hemos conocido. Ahora sabemos que esto ocurre así porque se trata de dos procesos diferentes en nuestro sistema de memoria.

De la vida intrapsíquica a la convivencia social

La tercera función cognoscitiva que conforma al sistema 2 es en realidad un conjunto de subfunciones que agrupadas suelen denominarse como las funciones expresivas. Se trata de, por ejemplo el habla, el dibujo, la escritura, la manipulación, los gestos físicos, etc.; y prácticamente la suma de cualquier comportamiento observable. Se infiere que un comportamiento observable incluye un comportamiento mental no observable que se manifiesta durante la expresión.

Las "funciones ejecutivas" son en su conjunto las capacidades que una persona tiene para involucrarse en comportamientos independientes, voluntarios, y exitosos. Difieren de las funciones cognoscitivas principalmente porque las primeras involucran conductas observables mientras que las segundas involucran intenciones respecto del comportamiento. Dicho de manera simple, cuando una persona compra una gaseosa en la tienda de la esquina, el intercambio monetario para obtener el bien se materializa de forma cognoscitiva en la mente del consumidor, pero se ejecuta de forma activa en la tienda y con el dinero y el bien físico.

Finalmente y a modo de conclusión de este capítulo debemos señalar las variables idiosincráticas como componentes cruciales del sistema 2. En especial estos componentes, son en primer lugar la emocionalidad, y en segundo lugar la personalidad. En este ámbito debemos destacar la dificultad que implica traducir varios conceptos para los cuales no hay un consenso formal de su equivalencia entre los idiomas. El principal conflicto en este sentido yace en la distinción entre sensación, afecto, y emoción.

En términos emocionales lo que definimos en castellano como sensación pertenece al sistema 1 y forma parte de la información recolectada por las vías sensoriales. Dado que ya hicimos una exploración de todas estas vías en párrafos anteriores sabemos que este conjunto de sensaciones se puede resumir en: luminosidad, obscuridad, silencio, sonido, calor, frío, tensión, relajación, vibración, acidez, dulzura, amargura, sabor salado, y una indiferenciada variedad de aromas.

Las sensaciones se convierten en información que nutre al sistema 1 para tomar decisiones respecto de la preservación y por ende se clasifican y priorizan de forma automática, dándose un proceso en paralelo donde se activa una acción automática e intuitiva mientras que al mismo tiempo comienza la transición al sistema 2 para alimentar la consciencia en términos cognoscitivos y ejecutivos. Esta información que activa en paralelo ambos sistemas es lo que de forma equivocada suele llamarse emoción pero en verdad se trata de un *afecto*.

La razón por la que no se utiliza este término en la literatura científica es que su traducción al inglés tiene otro significado más bien ligado a la noción filosófica de la pasión (*pathos*) lo que creó grandes equívocos en el pasado en el estudio de las emociones. Actualmente se ha optado por utilizar el término de "afección" en un intento por disipar esta confusión de significados. Nosotros trataremos de evitar esta confusión simplemente señalando que entre la sensación (sistema 1) y la emoción (sistema 2) hay una *afectación* fisiológica desencadenada por sensaciones específicas que serán transformadas en emociones.

Así, lo que nosotros denominamos emoción es la interpretación subjetiva de estas afectaciones fisiológicas que experimentamos a raíz de las sensaciones provocadas. Esto permite explicar cómo es mucho más fácil expresar emociones con cargas semánticas más universales mientras que resulta extremadamente difícil y a veces imposible transformar en palabras emociones que carecen de convenciones sociales o referentes expresivos.

El hecho de que la denominación de las emociones pertenece al sistema 2 ha provocado cantidad de equívocos a la hora de implementar de forma ingenua estrategias "emocionales" en campañas publicitarias. Especialmente, resultaron catastróficos los primeros intentos por provocar emociones similares en culturas diferentes con las mismas experiencias sensoriales.

Querer entender la emoción como un proceso universal y no como una convención social clasificatoria de estas afectaciones fisiológicas trajo como consecuencia recurrir a teorías que consideran justamente un acercamiento que equipará la emoción con su expresión. Es decir, la felicidad (emoción) y la sonrisa (expresión) son equivalentes tanto como la tristeza y el rostro que expresa esta emoción. Esta se denomina teoría categórica de las emociones cuyo principal proponente es Paul Ekman, quien desde la década de los 70's ha postulado la existencia de emociones universales; resultado de un proceso evolutivo en el que la expresión facial obedece a códigos establecidos desde el orden genético.

Es mundialmente famoso su experimento, donde muestra fotografías con diferentes expresiones faciales y una vasta mayoría de los participantes en su estudio son capaces de reconocer de forma exacta qué emoción es la que expresan los rostros. Menos famoso es el hecho, que dicho experimento dio pie a las famosas seis emociones universales pese a no haberse podido reproducir de forma consistente (es decir, obtener los mismos resultados reportados por Eckman) en los últimos diez años ahora que es más fácil hacer contrastes entre culturas, entre edades y entre diferentes niveles de formación académica.

La teoría categórica de las emociones, aunque cada vez más endeble desde el punto de vista académico, sigue siendo la favorita en el mundo popular justamente porque ¿de qué otra forma se podría investigar la emoción sino a través de cómo se expresa? Es evidente que si observamos a un grupo de personas mientras disfrutan su serie de televisión favorita, su expresión facial nos da gran información respecto de las emociones que están experimentando.

Así como el ojo recolecta información visual en el sistema 1 y es la corteza cerebral la que traduce esa información en una percepción en el sistema 2, la emocionalidad es la traducción en el sistema 2 de las sensaciones que en el sistema 1 se transforman en valencias.

Las valencias son la forma técnica de denominar las cargas afectivas en que se traducen las sensaciones. Esta traducción puede ser placentera o displacentera en términos de valencia se habla de "positivas" cuando son cargas afectivas ligadas al placer y de "negativas" cuando son ligadas al displacer. En términos eminentemente biológicos las respuestas displacenteras son más rápidas en tanto que se ligan directamente a la irritación de las terminales nerviosas del sistema sensorial.

Aunado a ello el displacer también está ligado a la sobreexcitación de las células receptoras lo que conlleva a una saturación e incluso la destrucción de las mismas. Por el contrario, las cargas afectivas placenteras son más bien lentas en comparación a las anteriores y tienen que ver con la excitación de las terminales nerviosas dentro de umbrales que posibilitan la activación del sistema de recompensa en el cerebro.

El sistema de recompensa es un mecanismo en el cerebro humano que se activa tanto por estimulación química directa como mediante la retroalimentación de las vías sensoriales. Esta retroalimentación hace que ante un estímulo que activa al sistema de recompensa este a su vez genera señalizaciones en el sistema nervioso para repetir o preservar la estimulación hasta llegar a un umbral específico. Este umbral normalmente se define de forma bioquímica mediante los receptores disponibles en las neuronas de los neurotransmisores responsables del sistema de recompensa. Quizá la experiencia más inmediata que cualquier persona tiene en su vida cotidiana para entender el funcionamiento de este sistema de retroalimentación yace en la satisfacción del hambre.

Esta sensación produce de forma biológica una irritación en las paredes del estómago lo que provoca cargas afectivas de valencia negativa. Ingerir alimentos elimina la irritación en las paredes del estómago y a su vez activa el sistema de recompensa para que el hambre no se sacie con sólo un bocado sino para que ésta conducta se sostenga de forma indefinida. Serán otro tipo de marcadores bioquímicos como son los péptidos los encargados de interrumpir la conducta de ingesta una vez que se alcance el umbral que activa las señales de saciedad.

Sin embargo, el sistema de recompensa encargado de identificar sensaciones placenteras y sostener las conductas que las provocan, también sufre modificaciones y alteraciones según el orden de prioridad que establece la interacción entre el sistema 1 y el sistema 2. Siguiendo con ejemplos cotidianos, la ingesta de bebidas alcohólicas resulta altamente ilustrativa dada la naturaleza química agresiva al organismo que tienen este tipo de sustancias. Pese a esta naturaleza agresiva, el sistema de recompensa identifica la ingesta de alcohol con componentes placenteros dada la alteración que provoca el alcohol al disolverse en el líquido cefalorraquídeo en el que flota el cerebro.

Así el displacer que provoca la bebida alcohólica pierde prioridad para dar paso a las sensaciones placenteras tanto biológicas como psicosociales que desencadena el alcohol. Una persona normal tendrá además un umbral de tolerancia a esta intoxicación voluntaria, la cual, si se rebasa, desencadena consecuencia con la carga afectiva opuesta. Por varios días después de un proceso de intoxicación alcohólica más allá del umbral fisiológico que la persona tolera, la prioridad de las cargas afectivas positivas se perderá, y si durante ese periodo de tiempo el sistema sensorial se expone nuevamente a la bebida alcohólica será manifiesta una emoción negativa seguida de conductas de rechazo y desagrado.

La participación que tiene el sistema 2 en la traducción de estos afectos es lo que nos hace colocar la emoción como un proceso que se manifiesta de forma consciente. Justamente se trata de la transformación de estas valencias en acciones las cuales pueden ser pasivas o activas. A este espectro de la expresión emocional se le denomina intensidad y tiene que ver tanto con la valencia como con la interpretación individual que se hace de la misma. Cuando a la consciencia llega cierto tipo de cargas afectivas el sistema 2 evalúa el entorno y el contexto de forma racional para establecer la pertinencia de expresar dichas cargas afectivas. ¿Es pertinente contar un chiste en medio de un funeral? La respuesta es tanto racional como consciente y esta va a influir en la expresión o no de la emoción.

Debemos considerar además que al ser el sistema 2 racional y consciente se ve influenciado por los aspectos sociales y culturales. De ahí a que fenómenos que se creían universales como la sonrisa social no sean tales. Mencionamos por ejemplo el ya conocido caso de las asistentes de vuelo en las líneas aéreas asiáticas, quiénes reciben entrenamiento específico de la expresión facial para "sonreír como occidentales" ya que la sonrisa social que se espera del personal que asiste el vuelo es un gesto que sólo existe culturalmente en países al oeste del globo. En el caso latinoamericano es bien sabido que la cultura mexicana se caracteriza por sonreír de forma casi arbitraria independientemente de la valencia emocional. Así varios investigadores de la expresión facial quedan atónitos cuando se evalúa a la población mexicana y esta sonríe de la misma manera ante un programa de televisión cómico, una serie de suspenso, un partido de fútbol o el noticiero de la tarde.

En esto radica la gran dificultad que han afrontado los sistemas computarizados de reconocimiento facial, ya que contrario a la teoría categórica de las emociones, la teoría neurofisiológica también denominada *dimensional*, demuestra que la expresión facial es un componente que se decide y se amolda a patrones más bien pertenecientes a la discrecionalidad de la razón.

Por otro lado, la teoría dimensional de las emociones nos permite fundamentar en dónde radica la diferencia entre culturas. Así mientras el sistema 1 identifica la valencia de los estímulos sensoriales, el sistema 2 define la intensidad de estos y la expresión al transformarla en un proceso ejecutivo.

Concluimos así el tipo de decisiones que toma el sistema 2: por un lado decide qué elementos serán almacenados en la memoria y con qué nivel de consolidación; por otro lado decide cómo conglomerar los pensamientos ya sea de forma explícita a manera de conceptos o de forma implícita a manera de procedimientos; finalmente el sistema 2 decide si se habrán de tomar acciones ejecutivas o acciones expresivas. Sumado a las decisiones que toma el sistema 1 nos damos cuenta que la naturaleza del cerebro humano es justamente decidir, si bien respecto de las acciones que preservan la vida, y las acciones que provocan placer, también respecto de la cotidianidad donde está inmersa nuestra consciencia.

Prof. César Monroy-Fonseca, PsyD, MSc

CAPÍTULO 2:
NEUROCIENCIA DE LAS DECISIONES

Cuando hablamos de neurociencia, hablamos de un conjunto múltiple de disciplinas que al sumar esfuerzos nos permiten adentrarnos en la comprensión del funcionamiento del cerebro humano. Nosotros dijimos hace ya una década atrás la frase "hemos descubierto más del cerebro humano los últimos veinte años que en toda la historia de la humanidad" y pese a que se ha popularizado, quienes citan esta frase suelen ser vagos en lo que realmente significa.

¿En verdad estos veinte años son diferentes al resto de nuestra historia en la que fuimos incapaces de descubrir cómo funciona el cerebro humano? Una lectura rápida de nuestra frase daría la sensación no sólo de que así es, sino que ahora lo sabemos todo. Ni una ni otra son mínimamente ciertas; lo que verdaderamente se debe entender es que si algo sabemos del cerebro humano es mucho más reciente este conocimiento si lo comparamos con el conocimiento y dominio que tenemos de otros tejidos que conforman nuestro cuerpo.

No resulta complicado imaginar que durante prácticamente toda la historia escrita de la humanidad el cerebro humano era considerado un tejido del que había más conjeturas que certidumbres. Si a esto le sumamos que durante buena parte de nuestra historia el estudio de las manifestaciones de nuestra mente se estudiaron desde la teología, no es de extrañar que apenas en la primer década del siglo XX hayamos comenzado el estudio formal del cerebro. De forma puntual debemos reconocerle a Don Santiago Ramón y Cajal el haber iniciado la revolución neurológica apenas comenzando el siglo pasado cuando postula la doctrina neuronal. Su experimento tan fácil de replicar estos días con cualquier equipo de laboratorio de educación secundaria fue decisivo para entender los grandes misterios que albergaba el cerebro humano.

Ramón y Cajal descubre con su microscopio que la corteza cerebral se conforma por millones de células neuronales pero que a diferencia del resto de los tejidos, las neuronas tienen ramificaciones que se extienden más allá de su membrana celular. Descubre que una neurona en un punto particular de la corteza cerebral puede tener ramificaciones que se extienden a otras tantas decenas de neuronas algunas cercanas y otras bastante más alejadas de esta. La corteza cerebral la describe así como el que después llamara Sherrington como el "telar encantado" que encierra a la mente humana.

De este hallazgo a la actualidad recién han pasado apenas poco más de cien años y es hace menos de veinte que la tecnología nos ha permitido constatar en tiempo real cómo es que funciona nuestro cerebro mientras realizamos toda clase de procesos mentales. En esta búsqueda se han sumado además de los médicos neurólogos, los neuropsicólogos, los físicos, los químicos pero también los ingenieros biomédicos, los expertos en informática y los matemáticos. El diálogo entre disciplinas tan diversas ha llegado al punto donde para explicar procesos neuronales altamente complejos se puede armar un modelo cibernético capaz de replicar una porción mínima de dicho proceso y dar un pequeño paso adelante en su comprensión.

Para explicar una disciplina con conceptos o hallazgos de otra disciplina existe un método justamente de traslación de conocimientos, donde los conceptos y sus fundamentos deben permanecer intactos y es la disciplina receptora la que habrá de juzgar su capacidad de explicar los fenómenos observados desde sí. Un ejemplo muy sencillo es cuando aprendemos a leer la hora en un reloj de manecillas y aprendemos en un segundo momento a leer uno digital.

El primer reloj se basa en un conocimiento basado en ángulos y rotaciones mientras que el segundo se basa en la notación de posición decimal. De forma empírica trasladamos un conocimiento desde una perspectiva angular a otro conocimiento desde una perspectiva decimal. Así veinte minutos se pueden representar en un reloj con la manecilla larga señalando el número cuatro o efectivamente mostrando el número veinte en el digital.

Ambas representaciones significan lo mismo y una no contradice a la otra. Lo mismo para representar las cuatro de la tarde, será la manecilla corta la que señala el número cuatro en el primer reloj y será efectivamente éste dígito el que se muestre en el segundo en la posición que corresponde a las horas.

Lo mismo debe ocurrir cuando hablamos de un concepto neurocientífico: debe permanecer con el mismo significado independientemente, se le aborde desde su propio marco teórico como es la neurociencia o se le aborde desde la psicología, la antropología, la economía o la política. Si el significado no se pierde independientemente del enfoque pragmático para el que se utiliza se está haciendo una correcta traslación de conocimientos.

Ahora que tenemos suficientemente claro en qué consisten el sistema 1 y el sistema 2 de Kahneman podemos utilizarlo como marco referencial en una suerte de explicación del comportamiento de consumo en el ser humano. Vamos a recordar que por consumo entendemos la adquisición de bienes o servicios que tienen función de satisfactores. Los satisfactores pueden atender ya sea una necesidad pero también un deseo, una fantasía, cubrir una carencia simbólica o ser simplemente los componentes requeridos ante una demanda biológica.

Desde la neurociencia los satisfactores atienden varios niveles al mismo tiempo y pueden ser uno o todos a la vez por lo que resultaría complejo tratar de clasificarlos en este primer momento. ¿Es lo mismo la adquisición de un producto físico que la obtención de una membresía en un club de fans?, ¿es el mismo proceso la compra de agua para satisfacer la sed después de una hora de ejercicio, al proceso de elección de un seguro para el auto?

No son en definitiva los mismos procesos pero sí obedecen a los mismos principios y a los mismos fundamentos neurofisiológicos. Hoy sabemos, después de varias investigaciones en laboratorio, que son tres vías las principales que intervienen en la toma de decisiones ante escenarios económicos. Se tratan de la atención, de la cognición y de la intención activa. Estos tres se dan de forma simultánea a diferentes velocidades tanto en el sistema lento como en el sistema rápido.

La clave para explicar una decisión subyace en la interacción de estas tres dimensiones neurológicas por lo que si contamos con un modelo que las integre de alguna manera tendremos una nueva herramienta diagnóstica y explicativa más allá del simple comportamiento observable y manifiesto.

La respuesta atencional

Lo primero que ocurre en el SNC cuando un algo en particular nos llama la atención es una suerte de filtrado de las vías sensoriales donde el sistema de retroalimentación no consciente (sistema 1) identifica uno o varios elementos que merecen darle prioridad en la jerarquía de estímulos. La consecuencia de dicho filtrado es la orientación de la atención a este conjunto de elementos para registrarlos en el sistema de inmediatez. De ahí dependerá de la relevancia temporal si habrán de resonar en la memoria inmediata o por el contrario se verán extintos una vez que termina el estímulo.

Así cuando observamos el televisor o navegamos por internet estamos en un estado de atención que oscila siempre y no por ello podemos asegurar que estamos atentos a todos los estímulos en todo momento. Por el contrario, el sistema 1 se encuentra casi siempre en "piloto automático" donde la atención del sistema 1 se da sólo de forma implícita. Cuando algo "nos llama la atención" no significa que "incrementa" la cantidad de atención, sino que toda nuestra sensorialidad se orienta a este elemento.

Esto significa que la atención se mide de forma correcta no en cantidad sino en duración de la misma. Esto se debe a que las neuronas funcionan en una condición de todo-o-nada. No existen sinapsis a medias, las neuronas no se pueden medio activar o medio excitar. El sistema neural involucrado en la atención igualmente, o se activa o no se activa pero no ocurre esto en parcialidades. Cuando estamos en un estado de dispersión lo que ocurre es que nuestra actualización de la atención recolecta de forma amplia e indiferenciada la información de todas nuestras vías sensoriales, no detecta aspectos relevantes en ninguna e inmediatamente se desecha esta información.

Este es un microestado mental dentro de la vigilia que se llama atención libre indiferenciada; posee una duración aproximada de trescientos milisegundos dependiendo de la madurez cortical y de la habituación que tiene el SNC de la persona ante ciertos estímulos. La orientación de la atención consiste en la acumulación en el registro de la memoria inmediata de cada una de éstas actualizaciones durante el tiempo que dura el estímulo relevante.

No hay investigaciones suficientes para determinar con cabalidad cuál es la duración máxima que puede tener un estímulo para sostener esta atención. Existe el dicho popular por ejemplo, que no se puede orientar la atención a la voz de la misma persona por más de cinco minutos. También existe el mito de que no se puede orientar la atención a más de dos vías sensoriales a la vez, lo que explicaría los constantes fracasos de programas de televisión interactiva que buscan involucrar otros sentidos más allá de la audición y la visión. Ambos mitos no se fundamentan en experimento alguno y no sabemos por qué se han popularizado tanto.

Simplemente en el caso de la gastronomía es patente la combinación de los sentidos en una experiencia de degustación organoléptica muchas veces impactando de forma simultánea más de cuatro vías sensoriales.

La orientación de la atención inmediata tiene otra particularidad y es que puede manipularse en retroalimentación con la consciencia. Es falso querer creer que algo puede captar nuestra atención solo porque está diseñado para ello. La orientación atencional constantemente se retroalimenta de la consciencia y esta puede modificar a la primera, como puede ser el caso de escuchar un concierto en vivo.

Si bien en la sala de conciertos la melodía genera un todo, podemos decidir orientar la atención al sonido de un instrumento musical en particular y si nuestro sistema sensorial cuenta con suficientes elementos para reconocerlo, no tendrá ninguna dificultad para aislarlo del resto de los instrumentos. Lo mismo puede ocurrir si nos encontramos en una conversación cruzada entre varias personas; podemos orientar la atención con facilidad hacia la voz de la persona que deseamos escuchar e inhibir la captación de los demás sonidos ambientales.

Independientemente si hay una duración máxima o no, la atención inmediata se habrá de definir como aquella que se orienta al estímulo durante su duración de forma más o menos constante. La ventaja de definirlo así es que existe tanto la tecnología como los métodos para cuantificar los correlatos cerebrales que dan cuenta de este fenómeno. En el caso de la investigación clínica con pacientes con trastorno por déficit de atención, el mapeo de la corteza cerebral nos permite identificar la inmadurez cortical responsable por sostener la orientación de esta atención por tiempos prolongados.

Por otro lado, un correlato directo de este proceso atencional va a ser el que denominaremos la memoria o el proceso de recordación. La recordación va a ser este constructo inmediato de elementos a los cuales se les orientó la atención en un primer momento durante la duración del estímulo particular y que permanecen resonando durante un tiempo considerable quizás sean unos minutos, quizás unas horas o quizás sean un par de días hasta que se consolidan y se construyen memorias tal como ya lo describimos en el capítulo anterior.

Así como la atención inmediata tiene dos posibilidades desde una en la que tenemos la atención libre indiferenciada donde absolutamente nada se considera como relevante para orientarle particularmente un elemento atencional tenemos el otro extremo donde se orienta toda la atención a una vía o a un estímulo particular, perfectamente bien delimitado que lo distingue de su entorno. La memoria tiene dos bordes muy similares; por un lado vamos a tener estos elementos que están resonando en la memoria de trabajo o la memoria inmediata durante la observación del estímulo, la percepción del concierto de música, la escucha de una conversación o la observación de un comercial de televisión, pero una vez que este elemento se extingue todos estos aspectos que se fueron almacenando en la memoria de trabajo para construir la historia que nos quiso narrar el comercial de principio a fin se eliminan y desaparecen de la consciencia una vez que termina.

Por el contrario existe la posibilidad de que una vez que termine y concluye el comercial de televisión o el estímulo en particular, algunos o quizá todos los elementos van a seguir resonando en la memoria y algunos de ellos comenzarán a construir una imagen mental diferenciada que sea mandada a los centros de almacenamiento posteriores quizá en dos o tres días, esto tiene que ser medible y existen algunas posibilidades de medirlo a la memoria a largo plazo a la consolidación como la llamamos en el capítulo anterior.

De esta manera nosotros tenemos por lo menos dos líneas de aproximación directa para entender el proceso atencional en la individualidad de una persona vamos a tratar de mapear y generar un esquema conceptual que nos permita identificar estos procesos dentro de un modelo que permite explicarlo; imaginemos un plano cartesiano como cualquiera con lo que estamos familiarizados tenemos un eje horizontal al que vamos a llamar el eje de la atención inmediata o el de las equis, por otro lado vamos a tener un eje vertical al que le vamos a llamar el eje de la recordación, lo que es el de las Y; en el eje de las X, el horizontal, vamos a tener siempre la variable del sistema 1, ese sistema inmediato, automático e intuitivo.

En el eje de las Y, en el eje vertical, vamos a tener siempre al sistema 2 este que es lento, discrecional y reflexivo, de esta manera vamos a tener cuatro cuadrantes donde vaciamos los resultados de un estudio neurofisiológico para poder categorizar el proceso atencional y los procesos que analizaremos posteriormente.

Los primeros dos cuadrantes inferiores van a tener la posibilidad de que la atención inmediata no genere ninguna orientación específica o por el contrario se genere este proceso de orientación de la atención a un fenómeno específico ¿cómo podemos llamar a este fenómeno donde la atención simplemente no se orientó a nada en particular? Vamos a llamarlo "indiferencia", es decir, no quiere decir que no haya atención, ya hemos profundizado en capítulos anteriores que la atención está activa pero está dispersa no se orienta a nada en particular y se va desechando la información que nuestra sensorialidad recolecta.

Por el contrario, si esta atención se orienta a un elemento en particular no necesariamente tiene que ser por su capacidad de llamar la atención. Los científicos le llamamos saliencia a esta propiedad que algunos objetos tienen de destacar del entorno, pero nosotros no le vamos a llamar saliente a este cuadrante donde si se da la atención inmediata a un elemento en particular por las razones que ya vimos anteriormente, como es que la atención se puede retroalimentar a partir de la conciencia, es decir, el sistema 2 y entonces modificar la orientación que nosotros vamos a tener de la misma.

A esta segunda opción le vamos a llamar de una forma más coloquial; le llamaremos el cuadrante de la novedad, es decir, hay algo novedoso o algo diferente en el entorno y es a ese elemento novedoso, diferente o saliente, dependiendo la condición que tenga en relación con el sistema 2 para que se le dirija la atención.

Estas dos posibilidades, la de la indiferencia o la de la novedad formarán nuestro eje de las X pero nuestro eje de las Y, nuestro eje de la recordación, comparte el primer cuadrante con el de la atención inmediata, este cuadrante inferior izquierdo de la indiferencia va a ser consecuencia también directa de que se eliminen los elementos inmediatos una vez que se extingue el estímulo.

Por lo tanto, la indiferencia sería un primer perfil atencional subjetivo donde ni se orientó atención ni se almacenaron estos elementos sensoriales en la memoria, por el contrario hay un fenómeno muy particular que debemos destacar en la memoria, se trata de esta condición que tiene la memoria de almacenar ciertos datos ciertas informaciones sensoriales sin que en ello tenga que intervenir alguna condición específica de ellos. Recordaremos en el capítulo anterior que se le denomina como memoria implícita o memoria procedural. Si bien no vamos a profundizar qué tipo de memoria es la que se encarga de almacenar estos elementos implícitos, sí es importante señalar que en ocasiones vamos a ser testigos del almacenamiento de información y de elementos que no necesariamente fueron seleccionados por la vía de selección directa, es decir, no por la novedad.

¿Cómo le podemos llamar a este fenómeno? Baste recordar qué es lo que nos llama la atención de una melodía en particular, de una canción que nos guste o del cuadro de nuestro pintor favorito. Nos daremos cuenta que en ocasiones no es algo en particular, es el todo y además si le preguntamos a alguien que no sea particularmente versado en las artes que nos interesan, puede que efectivamente tenga un cuadro en particular, un autor en particular, un músico, un cantante pero que no sea capaz de decir por qué le gusta. Esto no tiene nada de malo y no tiene nada que ver con la inteligencia. Sí tiene que ver con los elementos racionales que se cuenten para definir y describir los códigos para transformar estas memorias implícitas en conceptos explícitos. A este fenómeno donde la memoria almacena nociones implícitas como un todo en el cual no vamos a ser capaces de referir qué fue aquello que nos hizo almacenarlo a largo plazo o cuál es esta característica específica que nos llamó la atención, le vamos a denominar como una experiencia estética.

La experiencia estética es esta segunda posibilidad que tiene la memoria por sí misma. La primera, la indiferencia, es decir, no pasa de la memoria de trabajo de la memoria inmediata a la resonancia posterior, pero esta resonancia posterior se puede dar sin que intervenga ningún efecto atencional particular. Esta es la experiencia estética; la experiencia implícita que se da en un fenómeno de recordación.

La experiencia estética es muy compleja desde el punto de vista neurocientífico, sin embargo los experimentos de recordación nos han permitido identificar que la actividad cerebral de una experiencia estética tiende a ser muy parecida a la experiencia atencional inmediata. La diferencia radica en el momento en que se dan las diferentes actividades corticales y subcorticales.

Todavía existe el misterio de cómo es posible que algunas experiencias que no debieran pasar a la memoria a largo plazo se saltan un proceso de descomposición racional e impactan de manera estética. Los ejemplos más familiares es cuando nos gusta una canción de un idioma que definitivamente no entendemos y pese a que no tenemos los conocimientos lingüísticos, esta canción nos llega y nos genera un conjunto de sensaciones y emociones que serán almacenados a largo plazo. Carece totalmente de un código lingüístico, pero es la melodía como un todo y estas emociones que nos provocó las que sí trascienden y es por eso que nosotros le denominamos como la experiencia estética.

Si somos suficientemente observadores en nuestro plano cartesiano que estamos diseñando nos falta un cuadrante y es el superior derecho. Este cuadrante donde converge tanto la respuesta atencional de novedad pero además la experiencia estética, es decir ¿cómo llamamos a este fenómeno atencional donde un elemento se distinguió del entorno y además generó elementos de recordación a largo plazo con elementos suficientes para codificarlo dentro del sistema racional? A este tipo de respuesta le vamos a llamar de la forma más familiar posible, estamos hablando de una respuesta memorable.

La memorabilidad es justamente este fenómeno atencional donde algo nos llama la atención, dado que se distingue del entorno pero además está siendo retroalimentada constantemente por la vía de la consciencia a través de un código de entendimiento, como pueden ser las notas musicales cuando estamos escuchando una canción, como puede ser el reconocimiento de personajes o actores cuando estamos viendo una película o el reconocimiento de conceptos e ideas cuando estamos leyendo un libro. A esta experiencia donde interviene de forma combinada el sistema 1 y el sistema 2 en su expresión activa le vamos a llamar memorabilidad.

De esta manera hemos completado los cuatro cuadrantes que nos permiten transformar las respuestas neurofisiológicas en categorías de análisis. Tracemos así nuestro mapa conceptual; tenemos cuatro posibilidades: la primera donde ni se genere una atención inmediata ni se genere una recordación, a esto le llamaremos un estado atencional de indiferencia. Tenemos un segundo cuadrante aquel donde si se da la atención inmediata, pero una vez que se extingue el estímulo nada se manda a la memoria a largo plazo a esto le vamos a llamar una experiencia atencional novedosa.

Por el contrario, tenemos una tercer experiencia donde no se dirige la atención de forma diferenciada a ningún elemento particular pero sí se impacta la memoria a largo plazo de forma implícita a esto le llamaremos una experiencia atencional estética; finalmente tenemos la posibilidad de que se den los dos fenómenos; una atención inmediata dirigida al estímulo de interés pero además un proceso de codificación y de recordación a largo plazo, a este le vamos a llamar una "experiencia atencional memorable".

Si somos suficiente observadores nos daremos cuenta de algo particular de este primer mapa cartesiano donde traducimos la atención neurológica en cuatro categorías de análisis y es que no hemos interpuesto ninguna noción de agrado, desagrado, emoción o cualquier otra variable. Este es un primer gran descubrimiento que aporta la neurociencia en el estudio especialmente de la comunicación. Se trata de que la atención y la respuesta atencional como tal se puede y se debe analizar independientemente de los correlatos racionales o de las consecuencias subjetivas que se puedan generar posterior a la observación o percepción del estímulo.

Esto nos permite distinguir cada uno de los circuitos neuronales involucrados en la observación de comunicación, en la experiencia individual, pero también en los patrones comportamentales en cada una de las categorías de análisis. Ello nos permite además diferenciar cuáles son los atributos más relevantes de una experiencia o de una interacción con un producto o un servicio. Por ejemplo, ante una película o una experiencia cinematográfica vamos a poder saber si es que hay elementos más atractivos que otros desde la inmediatez o por el contrario, que solamente el todo en su conjunto provoca una experiencia estética, pero que individualmente no se puede segmentar o no se puede fragmentar la misma.

La respuesta cognoscitiva

La respuesta cognoscitiva es el nombre más técnico para lo que popularmente se denomina respuesta racional; es una de las más complejas para analizar en términos científicos fuera del campo experimental. En una experiencia empírica cotidiana, aislar nuestros propios pensamientos de forma subjetiva es prácticamente imposible, ¿por qué? El sólo hecho de que funcione nuestra respuesta cognoscitiva de forma correcta implica por lo menos la interacción simultánea y a diferentes ritmos de por lo menos seis variables.

En primer lugar un sistema fisiológico intacto, organizado para que se den todos los procesos involucrados; es decir la existencia real de las estructuras neuronales específicas para que se den los procesos cognoscitivos.

En segundo lugar necesitamos la existencia de una cantidad suficiente de información ya almacenada en los centros de memoria, tanto a largo plazo como a corto plazo, y que la información esté disponible para su recuperación, a manera de ideas o de imágenes mentales; es decir, debe de haber esta información, pero además debe de ser accesible. Un ejemplo en el que esto no se da es en los estados alterados de la conciencia, como es el caso del alcoholismo, la drogadicción o el tabaquismo extremo; donde las memorias existen, pero la forma en que se pueden recuperar estas se ha alterado, y solamente se recuperan de forma parcial o no en la velocidad en la que se necesita para que se dé la función cognoscitiva correcta.

En tercer lugar participa la integridad de la corteza cerebral, en la cognición participa la totalidad de la corteza, no una porción y no una región específica; es prácticamente la corteza cerebral la responsable del cien por ciento de los procesos cognoscitivos, tal como vimos en el capítulo anterior, las denominadas funciones corticales superiores.

Además de estas tres primeras, debe existir la capacidad intrínseca en el sujeto de procesar dos o más eventos al mismo tiempo, esta es una característica fundamental de la cognición. El primero de estos procesos es el monitoreo de nuestros "pensamientos" en automático; ese proceso por sí mismo implica lo que llamaremos evento "A", al cual se le designa cierta prioridad. Además de escuchar nuestros propios pensamientos (evento "A"), debe de existir la capacidad de atender en simultáneo, por lo menos, lo que llamaremos evento "B", e incluso puede llegarse a atender un "evento C". Si bien todavía está bajo investigación el máximo de eventos simultáneos al auto-monitoreo que pueden atenderse (evento "A") es indispensable que esta capacidad permanezca intacta para que una persona tenga una función cognoscitiva capaz de establecer una línea de tiempo consciente entre el presente inmediato y la reconstrucción retrospectiva de cada instante.

A esto se le suma la existencia de una modalidad de respuesta suficientemente integrada entre el sistema nervioso central, la actividad cortical y los sistemas periféricos para poder transformar ideas en conceptos y en comportamiento manifiesto.

Finalmente todo esto debe de integrarse en un sistema de retroalimentación que permita afinar, monitorear y modular nuestros comportamientos en función del resultado cognoscitivo.

Debido a este intrincado conglomerado de condiciones suficientemente necesarias para un proceso cognoscitivo exitoso, los científicos no hemos planteado aún un modelo unitario que satisfaga a todos los estudiosos de la neurociencia cognitiva. Hay algunas corrientes que insisten en priorizar el proceso de aprendizaje como el eje rector de la cognición, mientras que otros insistimos en señalar la importancia fundamental del lenguaje como el organizador arquetípico de todo proceso cognoscitivo.

Independientemente del debate científico, es un hecho que no podemos reducir la dimensión cognoscitiva bajo nociones simplistas como pudiera ser definirla como la dimensión del lenguaje, del aprendizaje o en algunas ocasiones de los códigos y símbolos. Correcto sería reconocer que todas las anteriores: el lenguaje, el aprendizaje, los códigos y los símbolos, se suman y dan lugar a un todo mucho más basto que permanece como el gran misterio del pensamiento humano. La inteligencia artificial nos comienza a dar luz en estos callejones oscuros, donde a la fecha, el estudio de los procesos cognoscitivos nos ha llevado. Tal es el caso de los modelos cibernéticos que replican los mecanismos de almacenamiento de la memoria.

Al momento de contar con una máquina que reproduce un único proceso entrenado a través de un ser humano, surge el "Machine learning"; técnica de inteligencia artificial que permite "entrenar de forma humana" la manera en que un software ejecute una tarea estandarizada. Los resultados han sido sorprendentes. Desde una máquina que ha aprendido a jugar *Super Mario Bros.* (Nintendo), hasta una máquina que puede predecir los referentes atencionales que definirán lo que un grupo de personas recordarán de una imagen.

Mientras la ciencia sigue avanzando, nosotros hemos de tomar la decisión de escoger los procesos cerebrales más idóneos que permitan explicar la dimensión cognoscitiva en el proceso de toma de decisiones. Retomando el modelo de Kahneman del sistema 1 y el sistema 2, nuestras investigaciones nos permiten discriminar un proceso clave medible y cuantificable para cada sistema del modelo heurístico.

En el sistema 1, donde se dan los procesos automáticos, localizaremos el proceso cognoscitivo denominado razonamiento. El razonamiento en su más estricta definición es un proceso de recolección de elementos cognoscibles con la intención explícita de crear una idea o imagen mental. Ello significa que el razonamiento es una sumatoria de subprocesos que se retroalimentan a lo largo del tiempo y que dependen tanto de estados anteriores como de estados presentes. Dicho de forma simple, el razonamiento es dependiente de la existencia de una intención volitiva perteneciente al sistema 2, y del hecho de la existencia real de elementos en la inmediatez –en el sistema 1– que resuenen en esta intención.

Si esto suena complicado, es justo por la naturaleza misma del razonamiento. Es un proceso que dentro de los elementos cognoscibles que recolecta es el monitoreo de sí mismo. En la experiencia subjetiva es imposible de constatar como suele demostrar el clásico ejemplo de pedirle a una persona que "no piense en un elefante".

El sólo hecho de razonar la frase implica "pensar" en todos sus elementos, incluso cuando la instrucción consciente sea no hacerlo. Otro ejemplo claramente ilustrativo en el ambiente cinematográfico es la escena de la clásica película de *Los Cazafantasmas* (*Ghostbusters*, Ivan Reitman, 1984) donde, en la escena climática, los protagonistas reciben la instrucción de "no pensar en nada", pero resulta inevitable hacerlo, dado que "pensar" implica por sí mismo una imagen mental, materializándose el monstruo de malvavisco.

Los estudios neurofisiológicos más actuales han logrado mapear varios de los procesos y subprocesos involucrados en el razonamiento. Resulta fascinante desmenuzar nociones que consideramos simples en cada uno de sus componentes, los cuales se desarrollan con impresionante velocidad de actualización. No es objetivo de este libro detallar cada uno de estos procesos, pero consideramos de gran valor ilustrativo mostrar cuando menos los subprocesos involucrados en los componentes lingüísticos del razonamiento. La razón es tanto funcional como práctica: el lenguaje es un estructurante fundamental en las teorías de comunicación, y además la vía lingüística está ampliamente definida en la literatura científica.

Podemos así, gracias a investigaciones específicamente en potenciales cerebrales, seguir la trayectoria de la vía neural de una palabra desde que provoca una vibración mecánica en el tímpano de nuestros oídos, hasta que se formula mentalmente la intención de responder o complementar dicha palabra. El punto de partida inicial de este recorrido es, como ya mencionamos, la membrana timpánica de nuestros oídos. Este tejido ha evolucionado dentro de la línea filogenética de los vertebrados para convertirse en un sensor de los fenómenos físicos denominados ondas sonoras.

Las ondas sonoras están bien definidas como la perturbación del momentum de una o varias moléculas; es la propagación de energía sólo en forma de trabajo, en la misma dirección y con propiedades de propagación cuantitativas. Es sabido que las ondas sonoras dada esta propiedad pueden viajar en cualquier estado de la materia.

Al ser nosotros primates avanzados que divagan en un entorno donde las ondas sonoras se propagan principalmente en el aire, nuestro tímpano está adaptado para vibrar en resonancia con dichas ondas en una gama de velocidades (frecuencia) e intensidades (amplitud) característicamente relevantes de nuestro entorno. Desde el sonido del viento al estruendo del rayo, nuestra membrana timpánica tiene suficiente elasticidad para vibrar en armonía con los fenómenos acústicos de nuestro entorno vital.

Queda claro así que la función timpánica no es otra sino traducir las ondas sonoras del ambiente en un fenómeno mecánico. Pero, ¿qué ocurre para que este trabajo mecánico se transforme en palabras, poesía, música o ideas? La manera en que nuestra biología resolvió esta transformación de un movimiento vibratorio a una excitación neuronal es elegantemente simple. Nuestra membrana timpánica está adherida a tres pequeños huesecillos móviles (martillo, yunque y estribo) que golpean el órgano coclear con la velocidad e intensidad en que vibran el tímpano.

El órgano coclear o cóclea es como su nombre indica, posee forma de caracol, es decir, en espiral; dentro de la cóclea se pueden encontrar una serie de terminales neuronales llamadas "estereocilios" que se mueven dentro de la cóclea en un líquido que vibra en resonancia con los golpeteos que el estribo provoca. Estos estereocilios reaccionan de forma parecida a las algas marinas que se mueven en su conjunto cuando las impacta una ola. Dependiendo la intensidad y velocidad de esta "ola" dentro del líquido coclear algunas de estas terminales neuronales se excitarán.

Todas las terminales neuronales dentro de la cóclea proyectan un axón que se suman en un único tejido llamado nervio auditivo, que envía la información generada por aquellas neuronas que se excitaron por las vibraciones dentro de la cóclea. El viaje de este conjunto de frecuencias y amplitudes traducidas en excitación neuronal tomará tan solo seis relevos sinápticos, es decir, tan sólo seis vías nerviosas más participarán hasta llevar esta información a su primer destino cerebral: la corteza auditiva primaria.

Este primer recorrido de información eminentemente física toma aproximadamente 175 milisegundos y al cerebro llega un conjunto de señales donde las palabras, el ruido ambiental, los sonidos corporales propios, y todo cuanto pudiere producir ondas sonoras genera una amalgama de información indiferenciada. Quienes recuerden a los televisores analógicos, la información que llega al oído primario es similar al canal tres, o dependiendo del país, un canal sin señal.

Siguiendo con la analogía del televisor, este canal "sin señal" en realidad sí está recibiendo señales diversas, pero no cuenta con el código de análisis de la misma para traducirla en información, ya sea un programa de televisión, una película o un comercial. Lo mismo ocurre con nuestro oído primario, sólo llegan propiedades físicas de los sonidos, pero no cuenta con un código para separar las palabras. Esa labor corresponde a una región específica del lóbulo temporal que se ha especializado durante 100,000 años y los neurocientíficos llaman oído fonemático.

Esta región particular del cerebro está lateralizada en el lóbulo temporal izquierdo en el 95% de los diestros y en el 75% de los zurdos. En la prehistoria de la neurociencia se le llamó por años área de Wernicke y en la actualidad recibe varios nombres dependiendo el enfoque funcional, como es el caso de los neurolingüistas, quienes se refieren al oído fonemático como la región gramatical. Esto debido a la función específica que desempeña: filtrar de todo el conjunto de frecuencias y amplitudes codificadas a aquellas que cumplen con las propiedades físicas de los fonemas lingüísticos, ya sean ruidos (consonantes) o tonos (vocales).

Apenas han pasado menos de 200 milisegundos y las palabras que hemos dicho a nuestro humano típico ya han sido transformadas a fonemas. Esta transformación es directamente dependiente de la adquisición del lenguaje, lo que explica que los mexicanos no podamos escuchar el sonido de la "h" en la palabra "moho" o que los japoneses no escuchen el sonido de la "rr". Pero aun las palabras no están construidas en la mente de nuestro oyente. Para que este conjunto de fonemas decodificados tengan sentido, deben ocurrir tres cosas en simultáneo: establecer un orden secuencial entre los fonemas y entre palabras previamente decodificadas.

En paralelo, tres regiones diferentes del cerebro participan para dar sentido, orden y continuidad a este conjunto de fonemas. Por un lado el giro temporal medial del hemisferio izquierdo funge como una especie de almacén temporal de la secuencia en que se reciben los fonemas, mientras su homólogo en el hemisferio derecho realiza lo propio, pero con las pausas entre palabra y palabra, así como la intensidad de estas.

Por otro lado, el hipocampo como almacén central de información a largo plazo envía referentes estructurantes al lóbulo temporal como pueden ser secuencias fonemáticas anticipatorias (palabras "que suenan" a las palabras recientemente escuchadas), o estructuras sintácticas complejas tales como la identificación de sujeto, verbo, predicado, etc. En la secuencia fonemática decodificada.

Finalmente una tercera región con el aristocrático nombre de área parietotemporooccipital realiza uno de los procesos más fascinantes en esta trayectoria de la información. Aproximadamente entre 350 y 650 milisegundos los fonemas se asocian con una imagen mental que le da sentido a la secuencia diferenciada del conjunto de sonidos percibidos. Dicho de forma simple, es gracias a esta región del cerebro que los fonemas se transforman en palabras con significado. No en vano los neurolingüistas denominan a esta como la región semántica del cerebro.

Estos tres procesos paralelos convergen en una vía bien estudiada llamada fascículo arqueado, que es un conjunto de axones que parten de la región parietotemporooccipital en un camino directo y sin escalas hasta el lóbulo frontal, donde a nuestra conciencia llegan las palabras ya traducidas en ideas perfectamente claras, así como en una secuencia suficientemente inteligible para darle continuidad, ya sea en forma de una oración completa o incluso ya incorporando nuestra propia opinión. En nuestro humano típico todo este recorrido ha durado un total de 800 milisegundos aproximadamente.

Debemos hacer notar cómo la totalidad de la corteza cerebral participa en el proceso anteriormente descrito, así como también varias estructuras subcorticales, como es el caso del hipocampo. Pero además, destaca el derrumbe del mito tradicional que se ha popularizado respecto a que el lenguaje se almacena, como si de una única función se tratase, en el lóbulo temporal izquierdo. Ahora hemos demostrado como si bien esta región del cerebro tiene una participación preponderante en el reconocimiento de los fonemas, es su contraparte en el hemisferio derecho el responsable en decodificar las pausas y las intensidades.

Así, en pacientes con lesión en el lóbulo temporal izquierdo, se puede observar cómo les es difícil reconocer palabras con cadencia indicativa, pero les es mucho más fácil reconocerlas si se les cantan con cierta armonía. En un cerebro no lesionado, diremos que el hemisferio izquierdo reconoce las palabras y el hemisferio derecho reconoce si estas constituyen una pregunta, una exclamación, o la letra de una canción.

Con este recorrido hemos terminado de ilustrar el razonamiento como un proceso cognoscitivo fundamental para entender la toma de decisiones desde el sistema 1.

Ahora debemos definir dentro de un número de procesos cognoscitivos tardíos cuál es el más significativo para ilustrar la participación del sistema 2. Nuestras investigaciones señalan la comprensión como aquel que cumple esta característica.

La comprensión es el proceso neuropsicológico más claro de explorar y su medición se ha convertido en el estándar de oro en las exploraciones clínicas donde se sospechan alteraciones en el lóbulo frontal: el lugar del cerebro donde llega toda información cognoscitiva y se mezcla con las ideas previamente adquiridas.

En su definición más estricta la comprensión se entiende como la transformación de la realidad inmediata incognoscible en conceptos comunicables que permitan representar de forma suficientemente concordante dicha realidad. A este proceso popularmente se le desmenuza en tres subprocesos: El pensamiento analítico, El pensamiento sintético y El pensamiento conceptual.

El arquetipo de la exploración conjunta de estos tres subprocesos es el uso de refranes o proverbios populares, donde desde temprana edad se puede explorar en los niños como han de descomponer un dicho en significados (análisis); reintegrarlos mediante similitudes o asociaciones abstractas (síntesis); para finalmente explicar el significado que pretende transmitir el refrán (formación de concepto). Los neuropsicólogos utilizan esta sencilla exploración desde hace más de cincuenta años, cuando se usó como una de las pruebas más simples para discriminar a los niños con inmadurez cortical en edad escolar.

Todos recordamos cómo desde nuestros años de educación primaria se nos hacía de forma repetida esta examinación. Cuando la maestra nos preguntaba "¿qué significa que una golondrina no hace el verano?", en realidad estaba explorando nuestro proceso cognoscitivo de comprensión. Para ella le servía como herramienta tajante que separaba a los niños que respondían de forma correcta de aquellos que simplemente no podían reintegrar el dicho en su significado más extenso.

Otros ejemplos cotidianos que nos permiten ilustrar la función de comprensión son aquellos escenarios donde debemos explicar un tema novedoso a una persona que no está familiarizada ni con la terminología ni ha tenido experiencia con aspectos relacionados al mismo. Una persona con adecuada secuencia de análisis-síntesis-conceptualización será capaz de transmitir estos nuevos conocimientos mediante el uso de similitudes o analogías.

Por ejemplo, cuando la mayoría de las oficinas migraron su uso de máquinas de escribir a ordenadores de escritorio, el uso de los segundos se introdujo la mayoría de las veces como una sustitución análoga de los primeros. Lo mismo cuando explicamos a una persona de edad mayor el uso de las plataformas sociales en internet: solemos acudir a referentes familiares a modo de símil para introducir nuevos conceptos.

La comprensión es además una de las características de la cognición que nos hacen notoriamente funcionales o disfuncionales en la interacción social cotidiana. Esto se debe a que la relación entre dos palabras, dos personas, un lugar y una herramienta, un nombre y un día, etc. se establece gracias a la entrada en acción de la comprensión y en consecuencia de gran parte de la corteza cerebral. Nociones como el parentesco o la nacionalidad, pese a su simpleza, representan testimonios de la gran capacidad que tiene nuestro cerebro para transformar relaciones espacio-temporales en conceptos que muchas veces son difíciles de representar de forma explícita o diagramática.

Aquellos que están familiarizados con el graficado de familiogramas se han enfrentado con la enorme dificultad de ilustrar conceptos como "matrimonio entre un primo hermano segundo por parte de la madre". Si bien todos podemos imaginar esta noción, la complejidad de las relaciones analítico-sintéticas que involucra va más allá de lo que podemos visualizar de forma consciente.

Finalmente, el máximo logro de nuestra capacidad de comprensión se ve reflejado en la resolución de matrices como es en el popular juego de sudoku, y en la abstracción de hechos en símbolos, patrones y secuencias. Esto último se materializa en la capacidad matemática más allá de la aritmética, como son el álgebra, el cálculo y la geometría.

Podemos retomar el sistema 1 y el sistema 2 de Kahneman como andamiaje, así como lo hicimos para la respuesta atencional. Trazaremos así nuestro plano cartesiano con el sistema 1 en el eje de las X y el sistema 2 en el eje de las Y. Con la experiencia anterior de la respuesta atencional, ya resulta lógico nuestro modelo. Colocaremos de esta forma el razonamiento en el eje horizontal del sistema 1 y la comprensión en el vertical del sistema 2.

Plantearemos que para el razonamiento podrán existir en el eje que le corresponde dos posibilidades. La primera será la inexistencia de elementos cognoscibles novedosos, es decir, que no merezcan ser recolectados del entorno, ya sea porque se han asimilado en un momento anterior, o porque no se les considera relevantes desde la intención cognoscitiva que ya describimos como condición para que se dé el razonamiento como tal.

La segunda será la recolección activa y consciente de elementos distinguibles y cognoscibles que aparecen en la inmediatez tal como lo ilustramos en nuestro experimento. Como no sabemos qué cantidad de elementos representan el mínimo y el máximo umbral para un razonamiento suficientemente estructurado, debemos asumir una postura más funcional. Esto significa que por defecto un estado de razonamiento es un estado de confusión desde la experiencia subjetiva inmediata. No es sino hasta que la comprensión entra en acción que se pueden organizar todos los elementos cognoscibles que se han recolectado, tal como lo hemos representado en nuestro experimento.

En lo que respecta al eje del razonamiento, nuevamente comparte el cuadrante inferior con el de la izquierda del eje horizontal. Esta experiencia subjetiva donde no hay recolección de elementos cognoscibles y por ende no hay necesidad de razonar más nada, se le denomina el cuadrante de la experiencia conocida o familiar. Por el contrario, el cuadrante superior donde, pese a que no se recolectan elementos nuevos, se da una comprensión en la forma de un nuevo concepto o la transformación de uno previamente adquirido, comprende la experiencia denominada como reveladora.

Este cuadrante es particularmente interesante, ya que demuestra el desfase temporal de horas o a veces días, entre la inmediatez del razonamiento y la entrada tardía de la comprensión. En México este es el cuadrante al que se refiere el dicho popular cuando se dice que a alguien "le cae el veinte", en alusión a cuando alguien entiende de forma súbita algo que siempre estuvo ahí.

Finalmente, el cuadrante más familiar en tanto que es en la experiencia subjetiva que se asocia de forma más racional al pensamiento consciente, es aquel donde incide la existencia del razonamiento activo y la consecuente secuencia analítico-sintético-conceptual de la comprensión. Cuando vivimos este proceso de ir construyendo de forma secuencial nuevos conocimientos conforme se adquieren elementos cognoscibles nuevos, decimos que es una experiencia informativa.

Al igual que con nuestro plano cartesiano de la atención, distinguir estas cuatro posibles experiencias subjetivas de nuestra respuesta cognoscitiva, es independiente de la experiencia atencional y de la consecuencia comportamental. Así que algo sea subjetivamente informativo, no necesariamente significa que sea interesante, así como algo que sea racionalmente conocido no será necesariamente por el hecho de generar poca emoción.

Prof. César Monroy-Fonseca, PsyD, MSc

La respuesta activa

En el marco de toma de decisiones, por años se ha explorado el comportamiento *per sé* en la tradición de que este es por sí mismo el objeto de estudio, dejando en el plano de lo irrelevante el resto de los componentes implicados en el comportamiento. Los científicos hoy tenemos afortunadamente desmenuzado el comportamiento humano en cada uno de sus componentes, lo que nos permite explicar e investigar lo que antes se consideraba causa y efecto al mismo tiempo. Así, en primer lugar, debemos distinguir el comportamiento humano como una respuesta activa, pero a su vez, separarla en dos vertientes. La primera es aquella que se manifiesta de forma motriz, es decir, que se observa un cambio de estado en la persona, A esta primera vertiente le llamamos respuesta activo-ejecutiva. Los neurocientíficos englobamos dentro de este campo las denominadas funciones corticales ejecutivas: volición, planeación, anticipación, acción intencionada, autorregulación, desempeño y motricidad.

La segunda vertiente del comportamiento activo es la emocional, con una historia de investigación mucho más breve en el campo de la neurociencia, dado que en un inicio, los psicólogos colocaron el estudio de las emociones en el campo de la investigación de la personalidad. No fue sino hasta después de la Segunda Guerra Mundial que se despertó un interés legítimo por la investigación de la respuesta emocional al no coincidir los patrones emocionales de la nueva sociedad afectada por la guerra con lo que las teorías de la personalidad postulaban.

En lo que respecta a la acción ejecutiva, si bien contamos con diversas funciones corticales que participan en la toma de decisiones, son, por un lado la volición y por el otro lado el rechazo, los perfectos correlatos neurológicos de los sistemas de Kahneman. En la prehistoria de la neurociencia económica, estos fueron los primeros campos de investigación que se abordaron. Incluso a la fecha existen proveedores de investigación donde el resultado final de una medición es la famosa dualidad de acercamiento-alejamiento, también conocido como "*Approach-Withdrawal*".

Tenemos de esta manera en el sistema 1 una respuesta neuronal muy rápida de rechazo o también llamado alejamiento. Todos hemos experimentado en más de una ocasión cómo para referir nuestra negativa a una acción no existen razones como tales. Es más bien una profunda sensación de alerta y alejamiento la que se experimenta. El rechazo es, en especies evolutivamente mucho más anteriores a los vertebrados, prácticamente un reflejo fundante de toda la organización del sistema nervioso. De hecho el neurocientífico Eric Kandel recibió el Premio Nobel en Medicina en el año 2000 gracias a sus investigaciones en el reflejo de alejamiento en la *Aplysia Californiana*, un pequeño caracol que utilizó en sus experimentos que dan paso a las nuevas teorías de habituación y sensibilización.

Una ventaja adicional de la respuesta de rechazo es que puede medirse directamente en la actividad cortical frontal y más específicamente en los giros orbito frontales donde se regula la acción o inacción motriz ligada a una decisión. Incluso antes de los trabajos que ligan esta particular región cerebral, los trabajos de investigadores en electroencelografía (EEG) reportan desde la década de los 70's un incremento en la frecuencia de los ritmos frontales segundos antes de una inhibición a una intención motriz.

Debemos destacar de todos ellos el trabajo de Benjamín Libet y su famoso experimento de predicción de la conducta. En este experimento se sincroniza la actividad cerebral recolectada mediante EEG con un botón y un marcador de ritmo constante como puede ser un osciloscopio como en el experimento original o un protocolo visual oscilatorio como se hace actualmente.

Al participante se le colocan los electrodos en el cuero cabelludo y se le da un botón en la mano para presionar a su libre voluntad cada vez que el marcador de ritmo llega a cierta posición. Tras un análisis de la actividad cerebral milisegundos antes de que el marcador de ritmo llegue a la posición donde el participante debe decidir si presiona el botón o no en ese ciclo, puede predecirse con un 98% de certidumbre si la persona presionará o no el botón.

Este experimento fácilmente replicable con los mismos resultados abrió el debate sobre la existencia del libre albedrío, dado que demuestra como una decisión puede detectarse en el cerebro hasta 200 milisegundos antes de que la persona sea consciente de la misma. Nosotros no entraremos en éste debate pero sí hemos de acotar que es un error separar al sujeto de su cerebro. Dicho de otra forma, es incorrecto decir que "el cerebro es el que decide".

Todos hemos experimentado ésta inmediatez casi automática de la respuesta de rechazo. Ya sea desde probar un limón y sentir la contracción de nuestros músculos faciales en contra de nuestra voluntad, hasta la sensación de náuseas en el estómago con sólo visualizar una escena desagradable mientras se están ingiriendo alimentos. El rechazo tiene el deber de alejarnos de agentes que pueden poner en entredicho nuestra integridad física, emocional, pero también evitar alimentar posibles escenarios que nos quiten el control de la evaluación de riesgos y amenazas. En economía, el rechazo o alejamiento se ha vinculado incluso de forma directa con el sentido de pérdida que representa un gasto mayor al planeado.

En nuestras investigaciones hemos observado incluso patrones de decisión basados en el rechazo. Son el tipo de elecciones que realiza una persona conscientemente mediante un descarte sistemático. La persona no decide por elección de un elemento seleccionado de un conjunto, sino más bien, elimina de su terna de opciones todas aquellas que implican un rechazo quedando el elemento final como la elección *de facto*. En el escenario de consumo se le suele llamar compra funcional, y en el escenario político se le conoce bajo el nombre de voto de castigo. Este último no refleja una simpatía por quien se vota, sino un rechazo por quien no se hace.

El componente tardío que pertenece al sistema 2 de Kahneman en esta respuesta activo-ejecutiva es la volición. A diferencia del rechazo que tiene una línea filogenética clara a lo largo del desarrollo evolutivo de los vertebrados, la función volitiva representa un dilema desde el enfoque eminentemente biológico. Los psicólogos fueron los primeros en tratar de explicar la forma en que el ser humano como especie desarrolló la capacidad de dirigir de forma voluntaria sus acciones más allá del instinto y la necesidad.

En su época primaria como neurólogo, Sigmund Freud propuso el término de "pulsión" como un constructo teórico que permitiría explicar la manera en que los instintos primitivos se transforman en la realidad psíquica como constructos simbólicos permeados por una estructura lingüística. Si bien esta concepción ha sido sustituida por el término de volición, es de destacar cómo hay una liga directa entre las acciones voluntarias y las estructuras sociales como puede ser el lenguaje, la cultura y la historia.

Al igual que el rechazo, la función volitiva tiene un correlato neuroanatómico en el lóbulo frontal. En este caso, en lugar de observarse en la corteza una respuesta inhibitoria, la respuesta volitiva tiene un antecedente clarísimo en lo que los neurofisiólogos llaman actividad premotora. Esta respuesta cortical puede medirse y cuantificarse de forma casi inequívoca en lo que respecta a eventos motrices, como puede ser la intención de mover las manos o los pies. Por el contrario, es especialmente desafiante medir actividad cerebral relacionada a intenciones no motrices, como puede ser el deseo de adquirir un producto después de observar una publicidad.

Existe una regla general en los protocolos participantes que pretenden ligar respuestas corticales premotoras a la intención de compra. La primera es que la comunicación evaluada cuando se trata de una publicidad, debe de hacer una invitación explícita a una acción (palabras como "venga", "compre", "llame ya", etc.), y la segunda es que el participante experimental debe de estar pensando conscientemente si realizaría o no la acción que dicha comunicación propone.

Este representa el error fundamental que propició el rápido declive de múltiples emprendedores que se asumieron de la noche a la mañana como "neuromarqueteos". Se creía que el sólo hecho de pedirle a una persona que observara una comunicación publicitaria había de desencadenar por sí mismo la famosa incoherencia interhemisférica en el ancho de banda de ocho a doce Hz que durante años se publicitó como el marcador de intención de compra.

Conforme fueron avanzando estas ingenuas aproximaciones a la toma de decisiones, los neurocientíficos no se cansaron de advertir que dicho escenario lo único que podría medir es la intención de observar o no el material publicitario. En lugar de tomarse como una advertencia, los emprendedores neuromarqueteros simplemente reinterpretaron la medición y la rebautizaron como "interés".

Ahora que hemos dedicado varias páginas para describir la diferencia entre la respuesta atencional, la respuesta cognoscitiva, y ahora la respuesta activo-ejecutiva, es evidente el equívoco fundante que representa interpretar intención premotora como un proceso atencional. Las consecuencias de este equívoco se observaron en los últimos años cuando estas empresas fueron cerrando una a una sus puertas, casi siempre por señalamientos directos de sus clientes donde la crítica principal era la inconsistencia de sus resultados.

Dado que la medición de la intención volitiva requiere experimentalmente que el participante de un estudio piense en su decisión conscientemente hace que algunos investigadores combinen esta función con otra más dentro del universo de la ejecución. Se trata de la acción intencional, una función ejecutiva que al combinarse con la volición suele llamársele "motivación". Esto significa que desde un punto de vista eminentemente neurofisiológico, sí es posible medir si el hecho de pensar en una acción propicia la intención premotora correspondiente.

Nuevamente los investigadores hemos encontrado en los protocolos de machine learning un camino replicable que nos permite demostrar estos procesos. Tenemos disponibles varios desarrollos en las universidades de interfaces cerebro-computadora, popularmente conocidos como BCI (Brain-Computer-Interface). Dentro de los sistemas más fáciles de ensamblar con un sistema de EEG y un software de clasificación heurística, están los de entrenamiento motriz.

En este protocolo se colocan electrodos en el cuero cabelludo del participante y se le pide que mueva de forma sistemática (mientras está sentado cómodamente), su mano derecha, su mano izquierda y sus tobillos simulando caminar. Para cada acción, el sistema de machine learning "aprende" el patrón de actividad cortical característico de cada uno de los movimientos instantes previos a que ocurran.

El sistema reconoce mediante repetición los patrones cerebrales que anteceden el movimiento físico real. Este patrón cerebral no es otro sino el ligado a la intención premotora. Una vez que el sistema ha aprendido a reconocer esta función cortical, se puede utilizar para que el participante dirija un pequeño robot solo con sus pensamientos. Si piensa en mover su mano derecha, el sistema de machine learning reconoce el patrón y hace girar al robot a la derecha. Si el participante piensa en mover sus tobillos simulando caminar, el robot avanza. Lo mismo si el participante piensa en mover la mano izquierda.

Del campo clínico, estos sistemas de BCI ya son una realidad en las sillas de ruedas totalmente controladas por medio de EEG, así como las prótesis de brazo, controlados directamente por el cerebro y no con impulsos electromiográficos como solía ser hace 30 años. Del aprendizaje que hemos obtenido de este tipo de aplicaciones clínicas se desprenden protocolos relativamente más simples, pero con el mismo fundamento, para medir y cuantificar la intención activo-ejecutiva en los escenarios de compra, consumo, e incluso de expresión de una opinión social.

Son especialmente de interés en la actualidad los protocolos de EEG basados en la potencia global cortical, al ser mucho menos sensibles a estados corticales dinámicos, a diferencia de protocolos clásicos basados en el análisis de espectro de frecuencias donde el participante debe de estar prácticamente inmóvil. Uno de los primeros métodos de análisis de la actividad cerebral desarrollados para cuantificar actividad cerebral ligada a la toma de decisiones es justamente el que se conoce como global field power (GFP) o potencia global del campo cerebral.

En años recientes gracias a la capacidad de los supercomputadores de última generación existen nuevos protocolos de análisis en tiempo real como son aquellos basados en el Event-related desynchronization (ERD). A diferencia de los protocolos GFP que requieren un análisis estadístico con una muestra de participantes suficiente, los protocolos ERD permiten detectar patrones individuales en cada participante de un estudio en neurociencia de toma de decisiones.

Los sistemas más modernos de medición de la respuesta activo-ejecutiva basados en GFP se llaman simulscanning, donde hasta cuatro participantes pueden ser interconectados para ser expuestos a un mismo estímulo y así detectar los cambios en las respuestas corticales premotoras. Lo más nuevo en el escenario de investigación es el denominado hyperscanning: un protocolo cercano a la ciencia ficción en el que hasta 16 personas pueden interconectarse en un solo sistema de análisis heurístico. Con este sistema es posible entrenar un clasificador de machine learning para proyectar en un monitor qué imagen están pensando las 16 personas en un determinado momento, dando paso al estudio de los acuerdos sociales, decisiones empáticas e incluso influencia en la decisión de una persona sobre otra.

El punto máximo de investigación neurocientífica radica en lo que se llama heurística experimental. En este campo de investigación avanzada se combinan mediciones de EEG con neuronavegación y estimulación magnética transcraneal. Este campo apenas surgió en el año 2015 con los experimentos cerebro-a-cerebro (brain to brain) que permiten a un participante transmitir una intención premotora a un segundo participante, quien la ejecuta. Es decir, sea el participante "A" quien piensa mover su brazo derecho y el participante "B" quien mueve el brazo de forma totalmente involuntaria. En un futuro no muy lejano, algunos investigadores podremos desarrollar la heurística experimental a tal grado que podremos hacer que un paciente en coma profundo se comunique mediante el cuerpo de otra persona anestesiada. Estamos hablando de conectar la conciencia de una persona al cuerpo de otra.

Mientras esto ocurre, podemos estar satisfechos en que los desarrollos tecnológicos actuales nos permiten discriminar entre actividad cerebral ligada al rechazo como a la motivación. Retomando nuestro andamiaje de Kahneman, resulta evidente que el lugar del rechazo en nuestro modelo pertenece al eje horizontal del sistema 1, mientras que la motivación pertenece al eje vertical del sistema 2. Este es un gran descubrimiento para los estudiosos del comportamiento *in situ*, desde los observadores antropológicos que estudian la etnografía de una población particular hasta los investigadores sociales que por años han padecido el desconcierto que representa cómo es más confiable una encuesta de salida que una simulación en urna para medir la preferencia electoral.

Siguiendo este último caso, nuestro modelo permite explicar que el voto, en tanto una acción ejecutiva, depende de la construcción de una motivación, la cual pertenece al sistema dos. Esto significa que la experiencia subjetiva de una decisión es diferente antes de tomarla que después de haberse hecho. En la simulación en urna, no se está midiendo intención de voto, sino la construcción de la motivación. En la encuesta de salida, como ya se ha ejecutado dicha decisión, no se está midiendo intención de voto, sino la intención volitiva de expresar una decisión ya tomada.

En nuestras investigaciones hemos descubierto múltiples ejemplos en escenarios de compra, donde se demuestra la necesidad de construir la motivación durante un periodo de tiempo razonable. Lo que tradicionalmente se denomina "compra de impulso" en realidad es una compra cuya motivación ya tenía un proceso de construcción anterior.

Por el contrario, todos conocemos la experiencia de rechazo ante cualquier agente que lo provoca. Desde chupar un limón agrio, hasta toparse en la acera de frente con un personaje con porte evidentemente malintencionado, la respuesta de alejamiento es inmediata. Además de esta característica propia de pertenecer al sistema 1, no requiere ni de explicación ni de construcción para su ejecución. Es decir, nuestras acciones desencadenadas por rechazo no requieren de elementos activo-ejecutivos previos.

El cuadrante que exige un estudio más profundo y que resulta fascinante al momento de adentrarse en los componentes discursivos de las personas que caen en él, es el que denominamos contradictorio. En este cuadrante particular caen tanto compras de lujo, como el pago de la tarjeta de crédito. También corresponden a estas coordenadas acciones altamente confabuladas, como son procesos electorales, compras hedonísticas, compras indulgentes, y temas relacionados con deuda e impagos. Digno será revisar en el próximo capítulo la profundidad de algunos de éstos escenarios de consumo.

Al estudiar las respuestas activas, como ya mencionamos anteriormente, no todas se manifiestan de forma ejecutiva. Algunas de ellas desencadenan respuestas intrínsecas en la dimensión emocional. Así, identificaremos en el eje horizontal del modelo el componente de valencia emocional. La valencia es inmediata dada su relación directa con la detección de amenazas de vida, así como su exacerbación ante la presencia de satisfactores inmediatos. Algunos neuroaficionados han simplificado de forma ingenua éste eje con la respuesta eminentemente bioquímica de los sistemas de amenaza y de recompensa que describimos en el capítulo anterior. De esta manera nos encontramos con infinidad de textos que aseguran que respuestas emocionales positivas obedecen a una descarga de dopamina y la "activación" de los centros de recompensa; a su vez, respuestas emocionales negativas son consecuencia de la "activación" de los centros de amenaza y la consecuente descarga de adrenalina.

Nuestra colega Lisa Feldman publicó recientemente un libro donde profundiza en la construcción de las respuestas emocionales más allá de los correlatos bioquímicos en los que se pretende reducir la respuesta emocional. Recomendamos ampliamente su libro *How emotions are made* así como las investigaciones de James Russell con más de tres décadas de duración para profundizar en el estudio serio y profundo de la teoría dimensional de las emociones.

Siguiendo el modelo circunflejo propuesto por el mismo Russell nos damos cuenta de la convergencia entre la teoría dinámica y el modelo heurístico de Kahneman. Así como ya ubicamos en el sistema 1 el eje de la valencia emocional, podemos ubicar claramente en el sistema 2 el eje de la activación emocional. A diferencia de la teoría categórica de Ekman tan popular en la sociología, el eje de activación emocional tiene una relación mucho más simple y funcional con la conciencia que el sujeto tiene con la expresión de su propio estado afectivo.

Efectivamente, tal como lo describimos en el capítulo anterior, la expresión de la emoción y su correspondiente intensidad activa posee componentes tanto de aprendizaje como de hábito. Así ante la exacerbación más intensa de una respuesta activo-emocional, los patrones de expresión facial son menos proclives a ser manipulados conscientemente.

Baste observar las múltiples expresiones faciales en las fotos instantáneas que se capturan en la caída más alta de una montaña rusa. Escenas altamente emotivas en una película provocan también este tipo de expresiones ambiguas, ya que, al ser afectos muy infrecuentes, la persona no ha tenido oportunidad de asimilar un patrón facial aprendido.

Si tomamos ambos ejes que componen la teoría dimensional de las emociones y formamos los cuatro cuadrantes que corresponden a nuestro modelo, podemos encontrar con facilidad los cuatro tipos de combinación emocional primaria. Tenemos así, emociones: activo-positivas, activo-negativas, pasivo-positivas, pasivo-negativas.

La ventaja fundamental en la investigación neurofisiológica de las emociones radica en la viabilidad totalmente demostrable de medir y cuantificar ambos ejes. Se puede hacer tanto desde un enfoque neuroanatómico mediante resonancia magnética funcional fMRI, como desde un enfoque funcional pragmático. Este último enfoque puede atenderse desde diversas tecnologías. La forma más antigua de medir efectos fisiológicos consecuencia de respuestas emocionales es cuantificando la conductividad de la superficie de la piel. Esta técnica se llamó en sus inicios "Respuesta de conductividad galvánica" o GSR por sus siglas en inglés. El descubrimiento de que estados emocionales de excitación incrementaban súbitamente la conductividad de la piel ocurrió en la época en la que todavía se creía que las emociones eran una especie de flujo eléctrico que viajaba por el cuerpo y que dependiendo el órgano visceral donde llegaba ésta descarga era el tipo de emoción que se sentía. Se creía, por ejemplo, que la ira era una descarga eléctrica que bajaba por la médula espinal y convulsionaba al estómago.

Los sensores de GSR son altamente populares en el ámbito de la investigación de mercados cualitativa, sin embargo, sólo sirven para cuantificar el nivel de activación emocional. Medir al sistema 2 si bien aporta información sobre el involucramiento activo que tiene una persona con sus emociones, no nos permite distinguir más allá de la excitabilidad. Para profundizar en investigación de los cuatro cuadrantes fundamentales de la emoción se requiere un acercamiento más preciso a la fisiología de la emoción.

Hoy sabemos, gracias a los estudios de resonancia magnética funcional, que existen estructuras neuroanatómicas especializadas en la generación de los dos componentes de la teoría dimensional de las emociones. Específicamente se ha comprobado la participación de la corteza orbitofrontal en la determinación de la valencia emocional con variaciones de consumo de oxígeno incremental hasta de un 32% en emociones de máxima diferenciación de valencia, como cuando se compara alegría y miedo. Estos hallazgos se han replicado de forma exitosa desde el año 2013 en múltiples artículos reportados en la literatura científica.

También existe evidencia suficiente para ligar a la amígdala como la región neuroanatómica que presenta variaciones en el consumo de oxígeno, directamente correlacionadas a la intensidad emocional. A diferencia del giro orbitofrontal, la participación de la amígdala es un poco más difícil de investigar ya que es un órgano en las estructuras profundas del cerebro lo que exige protocolos muy precisos y una resolución espacial suficiente para distinguir diferentes áreas de éste tejido.

Contar con estas referencias neuroanatómicas precisas nos permiten además corroborar la caducidad de la teoría categórica de las emociones. Así como contamos con los correlatos de valencia e intensidad emocional en el cerebro, a la fecha no se han podido localizar ni existe evidencia que en el cerebro se dispongan módulos especiales que se activen ante emociones específicas. Dicho de manera simple, no existen regiones dedicadas a codificar la alegría, la tristeza, el asco, y demás constructos que en la década de los 70's se propusieron como "emociones básicas".

El estudio profundo y serio de la teoría dimensional de las emociones nos ha permitido reconocer que lo que popularmente se designa con este nombre son en realidad constructos lingüísticos a los que recurrimos ante la necesidad de comunicar o conceptualizar la acción intrínseca que vivimos al experimentar nuestros afectos. Esta experimentación subjetiva se vive no tanto en el cerebro, sino en nuestro cuerpo. Son las señales fisiológicas las que interpretamos de forma individual y es la combinación de las mismas las que tratamos de englobar en un concepto que pueda traducir ese conjunto de sensaciones, sentimientos y afectaciones fisiológicas.

Los sistemas más confiables de medición de la respuesta emocional justamente tratan de cuantificar y establecer patrones de combinaciones fisiológicas específicas. Algo que los investigadores llaman psicofisiología. En esta área debemos reconocer las investigaciones del Instituto Heartmath y su director, el doctor Childre, quien desde 1991, ha enfocado sus esfuerzos en el concepto de coherencia.

Un concepto acuñado a partir del descubrimiento de la relación directa que existe entre el estado emocional de relajación y una constante temporal sostenida entre cresta y cresta de las ondas electrocardiográficas R. En contraste, frente a estados emocionales de estrés, la distancia entre crestas es aleatoria. A este valor de variación de distancia entre las ondas R se le denomina Variabilidad de la Frecuencia Cardiaca, o HRV por sus siglas en inglés.

A raíz de estos experimentos fácilmente replicables, muchos investigadores nos dimos a la tarea de analizar los patrones que presenta cierto indicador psicofisiológico ante cierto estado emocional. A la fecha, existe evidencia suficiente para asegurar que tanto el eje de valencia emocional del sistema 1, como el eje de activación emocional del sistema 2, pueden medirse y cuantificarse de forma precisa mediante la combinación de diversos indicadores psicofisiológicos. A diferencia de la respuesta atencional, la respuesta cognoscitiva y la respuesta activo-ejecutiva, la respuesta activo-emocional resulta mucho más factible y consistente de medir en el cuerpo que directamente en la actividad eléctrica cortical.

Baste una serie de ejemplos que pueden incluso transformarse en pequeños experimentos para que podamos ilustrar cómo efectivamente todos hemos vivido en nuestra subjetividad variaciones específicas ligadas a estados emocionales bien identificados. Por ejemplo, si nosotros le pegamos un susto a una persona o alguien nos genera un sobresalto, notaremos un súbito incremento en la frecuencia cardiaca: nuestro corazón late más rápido de lo normal.

Si alguien nos hace reír, ya sea mediante un buen chiste o mediante cosquilleo, notaremos que se experimenta un incremento en la frecuencia cardiaca similar. En ambos casos, la valencia es diferente, pero la activación se hace presente. Si quisiéramos medir emociones solamente con la frecuencia cardiaca, no tendríamos forma de saber nada más allá de lo que la persona podría reportarnos verbalmente. Peor aún, si sólo contáramos con los datos de frecuencia cardiaca no podríamos distinguir entre un estado emocional y otro.

Siguiendo con el ejemplo del susto y el chiste, un segundo fenómeno subjetivo que notaremos es que ante el sobresalto del primer estado emocional la temperatura superficial de nuestras manos tenderá a descender levemente. Ante escenarios similares como nerviosismo, estrés, o durante la observación de una película de suspenso, todos hemos experimentado lo que popularmente es llamado sudor frío.

Esta no es otra cosa sino la sensación del descenso de temperatura superficial en la piel debido a la constricción de nuestros vasos capilares.

Por el contrario, cuando estamos experimentando una sensación placentera como puede ser ver una película romántica, o reírnos a carcajadas en un sketch cómico, la temperatura corporal de nuestras manos tiende a ser uniforme y en algunas ocasiones incrementa levemente. Ello ocurre debido a que el placer involucra una serie de señales neuroendócrinas que relajan el tono vascular.

Esta vasodilatación hace que la temperatura de la superficie de la piel tenga un intercambio térmico donde participa mayoritariamente la temperatura de la sangre, ¿cuál es la razón de este contraste tan radical entre el incremento del tono vascular frente a experiencias displacenteras y el decremento del tono vascular ante situaciones placenteras?

Las investigaciones en el estudio de la teoría dimensional de las emociones tienen la respuesta. Lo que nosotros categorizamos en la actualidad bajo conceptos descriptivos emocionales, son la sofisticación psicológica y social de una respuesta psicofisiológica directamente ligada al mecanismo de amenaza-huida que describimos en el capítulo anterior. Al ser respuestas desencadenadas por una posible amenaza de vida, nuestro SNC establece directrices de acción perfectamente bien pautadas evolutivamente. Una de ellas concierne a la participación de la distribución del oxígeno en los órganos del cuerpo.

Así, ante una amenaza de vida, son el tejido muscular, los pulmones y el cerebro los que han de privilegiarse en su consumo de oxígeno para lograr su máxima eficiencia y asegurar una huida exitosa. Como no se puede interrumpir el flujo de sangre en los tejidos no esenciales para huir de la amenaza, el sistema neuroendocrino resuelve este dilema poniendo mayor resistencia en el flujo sanguíneo de los tejidos innecesarios para huir. La manera de lograrlo es reduciendo el diámetro de los vasos sanguíneos.

Por su parte, las que llamamos emociones placenteras están relacionadas al mecanismo de relajación-digestión y el sistema de recompensa. A diferencia de la respuesta psicofisiológica anterior, el mecanismo de relajación-digestión privilegia la distribución constante del oxígeno en la sangre con el menor esfuerzo posible. La manera en que se logra esto es relajando la resistencia que ponen las paredes de los vasos sanguíneos a cada latido. Cuando además de un estado de relajación se suma un efecto de recompensa, el proceso psicofisiológico resultante es un privilegio del sistema cardio-respiratorio donde se establece un ritmo y cadencia suficientemente armónicos para sostener la excitabilidad activa.

Como podemos observar, si bien la frecuencia cardiaca sólo aporta información respecto de la activación emocional, cuando medimos el tono vascular obtenemos información de la valencia, y cuando además cuantificamos digitalmente la variabilidad de la frecuencia cardiaca, podemos distinguir entre estados neutros y estados conscientemente emocionales.

Con esta distinción del universo emocional como parte de la respuesta ejecutiva daríamos por terminada la descripción de nuestro modelo basado en los sistemas de decisión de Kahneman para moldear en categorías definibles y cuantificables, lo que en su conjunto constituye la estructura subjetiva de lo que llamamos experiencia. Valga reiterar que no son las respuestas únicas, pero sí las que resultan de mayor utilidad para generar información sobre el comportamiento subjetivo ante una toma de decisión.

Prof. César Monroy-Fonseca, PsyD, MSc

CAPÍTULO 3: ESTRATEGIAS DE MODIFICACIÓN DE LAS DECISIONES

En el universo del estudio respecto de la toma de decisiones, la tradición refiere un modelo conceptual inicial. El modelo nos habla así de decisiones que surgen del sistema 1 para materializarse en el sistema 2 o por el contrario existirán decisiones cuyo origen está en el sistema 2 y se manifiestan en el sistema 1. A esta opción dicótoma se le conoce como el esquema Bottom-Up para el primer escenario, y como Top-Down para el segundo escenario.
Sin embargo la heurística experimental en los últimos años nos ha permitido constatar que estas dos vías de decisión no son mutuamente excluyentes necesariamente. Es decir, en ocasiones una decisión se retroalimenta de ambas vías mientras que en otras ninguna de las dos parece ser determinante en el resultado final.

El ejemplo clásico de las decisiones Bottom-Up donde la inmediatez influye y determina la planeación y ejecución, es cuando un comprador se topa con un producto que no buscaba, pero las características de este hacen que se detone una necesidad por adquirirlo. Por su parte, el ejemplo clásico de las decisiones Top-Down se da en el ámbito político, donde el ciudadano tiene una idea muy vaga de lo que espera de sus candidatos, pero serán los dos o tres conceptos suficientemente estructurados los que utilizará para juzgar las opciones disponibles.

No obstante, cuando sometemos a prueba este modelo inicial, nos encontramos con escenarios en los que no queda tan claro si es la inmediatez la que influye en la planeación-ejecución, o por el contrario, existen elementos planeados que determinan aquello que de la inmediatez se recolectará como el fenómeno detonante de una decisión, tal es el caso de las compras de lujo, las compras indulgentes, el endeudamiento crediticio y el voto oculto.

De ahí surge la imperiosa necesidad de que un modelo medible y cuantificable, como el presentado en el capítulo 2, permita además establecer estrategias de influencia para provocar decisiones específicas. En este capítulo describiremos algunas de las estrategias heurísticas conocidas e investigadas utilizadas para modificar el proceso de toma de decisiones.

Nudging

Por definición el nudge o empujón, es un agente externo que busca influir en la fase final de una decisión ya tomada. El concepto se popularizó en 2008 a partir del libro que lleva el mismo nombre escrito por Thaler y Sunstein. La influencia de este texto fue casi inmediata gracias a que postula una estrategia directamente derivada de los experimentos de Kahneman. El libro se caracteriza por poner mayor énfasis en las demostraciones que en las explicaciones. Esto ha tenido como consecuencia la proliferación de algunos clones que reducen el concepto de nudge a una lectura de influencia o reforzamiento positivo. Sin embargo existen diferencias puntuales que distinguen un empujón heurístico de un reforzador conductual.

Si imaginamos a un niño con un cuarto totalmente desarreglado y le pedimos que haga el favor de colocar todas las cosas en su respectivo lugar, se habrá de construir la motivación para que lo haga efectivamente. Un reforzador positivo sería instar al niño a ordenar su cuarto a cambio de una hora de televisión. Un empujón heurístico por su parte sería, una vez que el niño ha comenzado la tarea de ordenar su cuarto, hacerle notar que en la medida de que lo haga bien y pronto tendrá tiempo para otras cosas, como por ejemplo, ver televisión.

En un centro comercial tenemos ejemplos claros de cómo en escenarios donde no es viable un reforzador se puede hacer uso del *nudging*. Uno de los casos más citados en experimentos para demostrar la utilidad de esta estrategia de motivación es la colocación de huellas en el piso que dirigen a lugares particulares, sobre todo cuando los señalamientos pasan totalmente desapercibidos por estar mal ubicados, poco iluminados o en un contexto que exhibe al comprador en busca de un producto. De esta manera la silueta de dos plantas de pie con el logotipo *Converse* apuntando hacia un escaparate incrementa la intervención de la inmediatez en los compradores de esta marca particular que rondan el centro comercial en ese momento.

Las campañas públicas de los ministerios de salud siempre han padecido la ardua labor de promover la actividad física de un estilo de vida saludable en los ciudadanos. La poca efectividad de las campañas masivas de promoción del ejercicio mediante clubes deportivos gratuitos es bien conocida. El éxito del nudge en este tipo de campañas públicas, por el contrario comienza a rendir frutos que se replican ya en varios países, tal es el caso de colocar una silueta esbelta señalando las escaleras fijas para salir del subterráneo, y una silueta obesa señalando las escaleras eléctricas para inhibir su uso. Ello provoca que la decisión ya tomada de salir del subterráneo se modifique ligeramente en la forma en que ha de hacerse. Si quiero estar esbelto, habré de subir las escaleras fijas.

La industria de la comunicación también incorpora estrategias de empujón heurístico de forma más que efectiva. El campeón del nudge en contenidos digitales disponibles bajo demanda es sin lugar a duda Netflix. Después de un accidentado modelo de catálogo digital que simulaba un videoclub, sus ejecutivos descubrieron que los usuarios difícilmente encontraban el contenido que querían.

Al descubrir que su mercado mayoritario simplemente buscaba entretenimiento sin importar un contenido específico del mismo, idearon su catálogo de navegación heurística donde el sistema sugiere a modo de empujón, desde los temas, actores, recomendaciones y posibles gustos basado en elecciones anteriores (sistema 2), así como hora del día y datos demográficos de la persona que hace uso de la cuenta (sistema 1). El toque final lo da con su mecánica de proyección secuencial, donde una vez terminado un capítulo de una serie, pasa automáticamente al siguiente, brincándose las cortinillas de entrada, mientras presenta un contador que obliga al usuario a decidir en pocos segundos si desea continuar o no.

En la industria restaurantera también nos encontramos ya con excelentes aplicaciones del nudge. Esto es más evidente en cadenas restauranteras de nicho como aquellas que se enfocan al mercado saludable (wellness), las franquicias monoproducto (alitas y cerveza), o el mercado hedonístico (galerías de té, de café, de quesos, de vinos, etc). Nos llama la atención como los restaurantes wellness fueron los primeros en migrar del uso de reforzadores positivos al uso de nudging.

Tal es el caso de la cadena GreenGrass que de hacer énfasis en las calorías de sus ensaladas pasó a estandarizar el tamaño de las mismas para incrementar la percepción de volumen. De esta manera la sola idea de consumir saludable se ve reforzada por una percepción de "cantidad suficiente". Además, su oferta de sándwich ofrece una experiencia excesiva, nuevamente reforzando la imagen proyectada por el tamaño de la ensalada.

El éxito de las cadenas monoproducto, por otro lado, radica en que el concepto por sí mismo completa la decisión final que ha de tomar el comensal. Cuando este se adentra a un Wings Army, un Wings Stop, Las Alitas y demás franquicias similares, la decisión del platillo ya se ha tomado, eliminando la necesidad de escoger entre múltiples opciones que representa la carta. Esto tiene además un efecto de nudge económico, ya que permite establecer de forma apriorística que si se consume en grupo, el producto será el mismo (alitas) y por ende la división de la cuenta, mucho más fácil.

En los escenarios político-electorales se sigue utilizando la vieja estrategia del reforzador positivo, lo que lleva como consecuencia que el votante reciba un obsequio del candidato A , pero vote por el candidato B, o simplemente no vaya a votar. Las reciente campaña electoral de Donald Trump es quizá de las primeras que se tiene documentado el uso del nudge a través de la red social Twitter, mientras que los medios de comunicación señalaban lo contradictorio de los mensajes del candidato a lo largo del tiempo, esta era justamente la intención. Ante un panorama de incertidumbre, Trump empujó a que los votantes tomaran una decisión sin importar si estaban o no convencidos del todo. La frase "Let´s make America great again" utilizada originalmente por Ronald Reagan no hace sino englobar en un solo acto (voto) el pasado añorado por sus votantes, y la promesa de recuperarlo.

Hay que destacar que el concepto de nudge se originó en un contexto respecto de la ética en la toma de decisiones. Los primeros teóricos que descubrieron las implicaciones de los experimentos de Kahneman en el ámbito social, rápidamente advirtieron que una estrategia heurística adecuadamente diseñada sería el instrumento perfecto para un mejoramiento de la dinámica social. También se señaló el riesgo inminente que ello conlleva: En un sistema capitalista el nudge corre el riesgo de transformarse en una herramienta de explotación comercial y manipulación política.

Debemos señalar cómo varias ideas brillantes, pero de ética laxa, se valen de la estrategia del empujón para acelerar rápidamente su participación en el mercado sin importar la invasión a la privacidad o recolección de datos del que el cliente final no está enterado. Dentro de las empresas digitales de más rápido crecimiento están aquellas que se dedican al click-bait, (anzuelo de clicks). Estas empresas se valen de estudiar cuidadosamente las preferencias y hábitos de navegación de usuarios poco ávidos en reconocer portales reales, para mostrar encabezados, fotos e incluso "tests de personalidad" diseñados para recolectar información del usuario. La base de datos resultante de éste click-bait se vende a empresas interesadas en ese segmento particular de la población.

Para construir una adecuada estrategia de empujón heurístico, es indispensable conocer la manera en que los sujetos acostumbramos resolver el conflicto de "contradicción" en la respuesta activo-ejecutiva. Dado que hemos comentado en capítulos anteriores que este conflicto obedece primordialmente al desfase entre el sistema 1 y el sistema 2, así como entre los diversos subprocesos involucrados en cada una de las cuatro respuestas que se dan ante una experiencia, es obvio pensar que hemos evolucionado para desarrollar "atajos" que nos permitan resolver rápidamente dichos desfases. La neurociencia se refiere a estos como *sesgos cognoscitivos*.

Siguiendo con el ejemplo de estrategias poco éticas en el uso del nudge, analizaremos detalladamente un caso hipotético en el país de Taratoga, la provincia de San Palermo. En esta provincia existe un gran descontento con el alcalde, su gestión gubernamental, y su propia persona. Además, el partido político que lo abandera, el MLS (Movimiento de Liberación Social) se ha visto los últimos años envuelto en escándalos de corrupción y robo de recursos destinados a programas de salud y educación. La pérdida de la alcaldía en el próximo ejercicio electoral es inminente. Los consultores del partido deciden establecer una estrategia basada en el empujón heurístico para localizar exactamente el perfil poblacional que está en descontento con la alcaldía y con el partido.

De esta manera, se crea el portal de internet "Ni un voto más al MLS", donde periódicamente se publican notas de los hechos que se sabe provocan el mayor descontento entre los pobladores de San Palermo. Como ya está construido este sentimiento en la sociedad, el efecto *nudge* se logra aportando elementos en la inmediatez que sostengan dicha percepción. A este mecanismo particular se le conoce como el sesgo de confirmación: somos proclives a darle más valor y credibilidad a algo que afirma lo que nosotros ya damos por cierto. Gracias a esta estrategia, la página "Ni un voto más al MLS" se llena rápidamente de seguidores y algunas de las notas como el de la casa de campo en Miami del actual alcalde, se vuelven virales.

Lo que los habitantes de San Palermo no saben, es que al convertirse en seguidores de esta página, si no tienen la configuración de privacidad adecuada, le están dando acceso a sus datos personales al mismísimo MLS. En poco tiempo el partido tiene una base de datos con nombres, ubicación geográfica, preferencias, ocupación, etc., de los habitantes de San Palermo descontentos con el alcalde y con el partido.

Podemos darnos cuenta en este caso ficticio, cómo el MLS utiliza a su favor un sesgo cognoscitivo, y el desconocimiento del uso de las redes sociales para convencer a sus detractores de darles voluntariamente su información demográfica. Pero el sesgo de confirmación no es el único que se utiliza actualmente para el diseño de nudges. En los procesos electorales más recientes de Estados Unidos y de Francia, el uso de las llamadas "noticias falsas" tuvo un protagonismo determinante en la construcción de la motivación del electorado.

Nosotros en nuestro laboratorio realizamos una serie de experimentos que nos permiten demostrar cómo las noticias falsas hacen uso del *sesgo de autocomplacencia*, un atajo cerebral muy peligroso donde las personas tendemos a alterar la percepción de los hechos para que se ajusten de la forma en que mejor nos hagan sentir. Una noticia falsa, tiene valor no por su grado de credibilidad, sino por cómo me hace sentir como ciudadano. Queda claro entonces el valor de utilidad, pero también el compromiso moral que implica valerse del empujón heurístico.

Confabulación

Una segunda estrategia para la construcción de la motivación es mucho más vieja en su estudio, pero sorpresivamente apenas hace un par de décadas los comunicadores y especialmente los mercadólogos comienzan a utilizarlo de forma estratégica y no sólo como resultado de la intuición. La confabulación es uno de los mecanismos neuronales mejor estudiados a raíz de su manifestación patológica en el campo de la psiquiatría. Un paciente que confabula es aquel que ha creado una memoria alternativa a los hechos realmente ocurridos, pero a diferencia de una mentira, el paciente está convencido que tal recuerdo es efectivamente correspondiente a los hechos.

Son de interés formal los trabajos del profesor Morris Moscovitch de la Universidad de Toronto, quien desde 1994 ha publicado una serie de fascinantes estudios sobre la alteración en la recuperación de las memorias. De hecho, Moscovitch define la confabulación como una "mentira honesta", dado que el sujeto no sabe que la historia que ha construido su memoria no corresponde a la realidad. También ha descubierto que lejos de ser un error en el proceso de memoria, es un mecanismo adaptativo en varios escenarios particulares, como el caso de las amnesias anosognósicas (donde el paciente no sabe que padece amnesia).

Fuera del campo clínico, el estudio de la confabulación nos ha permitido explicar la manera en que el consumidor construye su motivación cuando esta se nutre de una serie de memorias y recuerdos que no necesariamente existieron. Recordamos, en éste sentido, la famosa campaña publicitaria "Todo mundo tiene un Jetta", la cual remataba con el corolario "Al menos en la cabeza". Esta fue quizá la primera campaña que ilustró de manera didáctica la forma en que efectivamente se construye una estrategia de confabulación.

Los protagonistas de la campaña eran usuarios del automóvil Jetta, pero aparecía algún otro personaje que reclamaba ser el dueño del mismo, para luego caer en la cuenta de que sólo imaginaba serlo. La campaña fue tan clara que el personaje del "usuario real" desapareció para presentar solamente a los personajes "usuario imaginario", llegando incluso a mostrar a un perro como aquel que cree ser dueño de un Jetta.

No es casualidad que la campaña surja en el año 2002, justo el año en que se otorga el Premio Nobel de Economía a Kahneman al demostrar la utilidad del modelo heurístico en la toma de decisiones económicas. Actualmente se acostumbra englobar bajo el concepto *storytelling* la estrategia mercadológica que toma la confabulación como su fundamento pero, ¿cómo debe ser dicha estrategia para que tenga el efecto deseado de construir motivación en el decisor?

Al igual que en la estrategia de *empujón* son los sesgos heurísticos la base de su construcción. Antes de enunciar los diferentes "atajos mentales" que el cerebro ha desarrollado para acelerar la toma de decisiones (teniendo como consecuencia pérdida del control sobre estas) vale la pena ilustrar algunos casos emblemáticos del uso de la confabulación. Quizá sea el de mayor éxito reciente la cadena Starbucks, originado en Washington, Estados Unidos y actualmente dueña de una cultura de café que ha conquistado países donde antes esta no existía.

Esta cadena cuenta con más de 24,000 locales en aproximadamente 70 países (de ahí su innegable popularidad), entre tales países se encuentra México, donde arribó en el año 2004, que hasta ahora cuenta con 500 establecimientos en los que trabajan un aproximado de seis mil empleados, convirtiendo al país en el mayor consumidor de esta marca en América Latina, pues se estima que tan sólo ahí se consumen 10 millones de tazas de café del día al año, lo que representa una cuarta parte de sus operaciones en el mundo.

Lo que hace funcionar una estrategia de confabulación en primer lugar es entender el conocimiento real que tiene una persona del contexto en el que se desenvuelve su decisión. En este caso, entender la cultura del café que tiene el mercado objetivo de la cadena Starbucks. En la medida en que esta no exista, habrá una mayor posibilidad de que sea la marca quien construya dicha cultura. Aquellos consumidores de café que lo hacen solamente por un tema de disponibilidad o conveniencia son los consumidores más proclives a ser seducidos mediante una estrategia confabulatoria. Nótese que ya deben ser consumidores del producto, pero la confabulación orienta la decisión de escoger a una marca en particular.

Al igual que el nudge, la confabulación debe ser: memorable en lo atencional, informativo en lo cognoscitivo, contradictorio en la ejecución y cargado emocionalmente de forma expresiva. Esto significa que la confabulación debe contar con una estrategia experiencial inmediata suficientemente simple para alimentar una imagen consistente, pero suficientemente intensa para que pueda recordarse a largo plazo. Si la imagen de la memoria no coincide con la experiencia inmediata, la confabulación no funciona y por el contrario el consumidor vive una ansiedad a modo de incertidumbre, ya que las percepciones que llegan por sus sentidos no son las que recuerda o las que había imaginado.

Todos hemos experimentado la gran desilusión ante un platillo cuyo aspecto no coincide con el de la foto en el menú. Aunque el sabor siga siendo el esperado, el consumo del producto ya no es motivado, sino a modo de resignación. Esto explica la constante rotación de productos novedosos en las cadenas de comida rápida, que son expertas en generar este tipo de decepción, pero también muy hábiles para reintroducir el mismo producto con un nuevo aspecto, recuperando a esos consumidores anteriormente decepcionados.

Cognoscitivamente, la confabulación debe de tener un balance adecuado entre cantidad de información nueva y un lenguaje familiar. El consumidor debe sentir que tiene el dominio del tema y que la información proporcionada por la marca sólo le está poniendo nombre a las ideas que siempre ha tenido. El uso de términos como "Venti" para referirse a la porción más grande de café que se sirve en un Starbucks, es un ejemplo perfecto para ilustrar cómo la marca sustituye una imagen mental del comprador con un concepto que lo hace sentir mejor informado de lo que desea consumir.

Ejecutivamente, la confabulación es crucial para resolver la contradicción en la decisión. Varios párrafos arriba ya mencionamos que la motivación se construye, y es justo mediante la generación de una narrativa confabulatoria que se da ésta construcción. Una compra motivada es aquella que recurre a una historia previamente formada y a la cual se le atribuye un valor de verdad para justificar la resolución del conflicto contradictorio a favor de la compra. Siguiendo con el caso de Starbucks, el éxito de la estrategia confabulatoria se debe ver reflejado cuando el comprador recibe su factura con un costo monetario tres veces arriba del planeado y aun así decide completar la transacción, gustoso. Si ello ocurre, el comprador no solo está adquiriendo un producto, sino se involucra personalmente en la historia que le ha contado la marca y se la apropia como esa "mentira honesta" que necesita para resolver la contradicción.

Finalmente, construir esta motivación mediante una estrategia confabulatoria es por naturaleza una estrategia emocional que debe expresarse. Esto lo hace Starbucks de forma magistral escribiendo el nombre del cliente en el vaso acompañado casi siempre del dibujo de una sonrisa o algún otro detalle que busca vincularse con esta expresividad. El cliente responde a este gesto involucrándose con el local y con el despachador, incluso a veces aprendiéndose su nombre o dirigiéndose a él con mayor familiaridad que como lo haría con cualquier otra persona de un local de café.

Es sin lugar a dudas en un escenario político-electoral donde la eficacia de una estrategia confabulatoria se pone verdaderamente a prueba. Regresando al poblado de San Palermo, podemos ilustrar un caso ficticio de confabulación. Comencemos planteando la existencia de un proceso electoral en el año "cero". Si el candidato que desea postularse ese año quiere realizar una estrategia de confabulación debe de tener claro cuánto tiempo tardan en construirse la motivación al voto. Las investigaciones más recientes señalan que toma poco menos de dos años éste proceso, por lo tanto, nuestro candidato deberá comenzar su estrategia confabulatoria el año "menos dos".

Dicha estrategia debe integrar el aspecto atencional, el cognoscitivo, el activo-ejecutivo, y el activo-emocional. Deberá así definir desde este año "menos dos", el aspecto visual con el que el candidato desea ser reconocido y recordado; los conceptos con los que desea investirse y los valores a los que desea ser asociado; así como tener una respuesta clara ante cada uno de sus negativos al tiempo que identifica los positivos que habrá de destacar. Todo esto, vigilando que se involucrarán emociones activas quiera o no el candidato, por lo que estas deben tenerse presentes y realizar esfuerzos para provocar las emociones deseadas.

Nuestro candidato de San Palermo decide así realizar sus primeros estudios de imagen pública para definir su "foto casual" oficial, que consta de un ángulo, pose e iluminación que facilita distinguirlo tanto de su entorno como de sus posibles competidores. Encontrará por ejemplo un corte y peinado que le favorece dada la forma de su rostro, y descubre que sustituir la corbata por un pañuelo en la bolsa del saco le quita ese aspecto "ejecutivo" fuertemente asociado con el concepto de "político". Como el candidato realiza estos cambios, dos años antes del proceso electoral, al momento de arrancar la campaña, dichos aspectos ya habrán estado perfectamente bien identificados con él. Su contrincante también hizo un estudio de imagen, pero estrenó su nuevo estilo de vestimenta y peinado justo al arranque de las campañas, la consecuencia en la ciudadanía es una sensación de autenticidad en la imagen del candidato que realizó los cambios dos años antes y una sensación de falsedad en el candidato que cambió su imagen justo al arranque de la campaña.

Además del aspecto físico, nuestro candidato también realiza una investigación para entender cuáles son los temas de interés entre los ciudadanos de San Palermo, pero además, la manera en que los vive cotidianamente la ciudadanía. Nuestro candidato descubre por ejemplo que existe una seria preocupación por la salud de los habitantes de San Palermo dada la prevalencia de enfermedades infecciosas

El equipo de investigación del candidato descubre que en la cotidianidad de los ciudadanos ésta preocupación sanitaria es detonada por una falta de atención a la limpieza de las playas de San Palermo. No hay una colecta de basura eficiente y los niños suelen tener accidentes con los deshechos que suelen haber en las playas. A esto se le suma el mal aspecto que tienen las playas ante los habitantes y el turismo. Añádase a este escenario el hecho de que varios habitantes de San Palermo han tomado las playas como un basurero y drenaje optativo, pese a seguir siendo un punto de encuentro para familias, amigos y visitantes.

El candidato cuenta con elementos suficientes para desarrollar desde el año "menos uno" una estrategia confabulatoria en redes sociales que llama "Playas limpias, niñez sana" a modo de portal activista que ilustra poco a poco la realidad de la contaminación de las playas de San Palermo y la salud de los habitantes. El portal sube semanalmente reportajes de los problemas en las playas, al tiempo que establece explícitamente cómo ello es la causa de la incidencia de enfermedades infecciosas en la región. Después de un año de esta estrategia, los habitantes de San Palermo están convencidos de que si alguien pone orden en la limpieza de las playas, la salud mejorará.

Si nos damos cuenta el candidato en ningún momento trata de convencer a los ciudadanos. Simplemente aporta paulatinamente elementos que refuerzan dos realidades de los habitantes de San Palermo y establece la liga explícita entre ambos. Lo más difícil es pasar este logro cognoscitivo a uno motivador que resuelva la contradicción al momento de decidir votar por este candidato. La teoría nos da dos opciones: la clásica es introducir en el portal "Playas limpias, niñez sana" su persona como un actor legítimamente interesado en la causa; la confabulatoria implica introducir en esta liga de ideas las características personales del candidato como su experiencia, sus valores, su estructura familiar, etc. Así, en el "año cero" los ciudadanos tendrán en mente no sólo la liga conceptual que quiere el candidato, sino también las características de la persona que puede atender esta necesidad: las mismas características que definen al candidato.

Los votantes, sin haberse dado cuenta, se involucraron emocionalmente en la causa que el candidato de San Palermo definió y además tienen en su mente cualidades de una persona imaginaria que resonará de forma concordante en el "año cero", cuando el candidato se postule oficialmente. Su contrincante poco podrá hacer para responder activamente a esta causa, pues no sólo debe competir contra el candidato, sino con la historia (la mentira honesta) que los ciudadanos ya creen respecto de las características personales del candidato capaz de resolver el problema de la salud y la limpieza de las playas de San Palermo.

Condicionamiento

La primera estrategia para lograr este tipo de objetivos tiene poco más de cien años de haberse descubierto y forma actualmente una de las escuelas de psicología más sólidas. Se trata del conductismo, cuyos máximos proponentes son Pavlov, Watson y Skinner. Partiendo de un principio demostrable y replicable en una larga lista de especies animales, el estudio de la conducta y los componentes que la determinan, permite modificar de forma explícita aquellas conductas dependientes de la famosa "contingencia": operadores, desencadenante, comportamiento y consecuencia.

Existe una vasta literatura respecto de las múltiples estrategias de condicionamiento clásico, condicionamiento operante y análisis funcional. Para un análisis profundo de los mecanismos involucrados y un estricto protocolo de implementación en escenarios particularmente clínicos, sugerimos al lector remitirse a estas referencias. En esta sección nos limitaremos a esbozar los principios básicos que se pueden observar en algunos de los escenarios más familiares de nuestra cotidianeidad.

En primer lugar debemos distinguir entre el condicionamiento clásico (también conocido como Pavloviano) y el condicionamiento operante (también conocido como instrumental). Mientras que el primero permite modificar comportamientos reflejo, el segundo puede modificar comportamientos observables y otros no observables. Resulta de interés particular en el contexto de los sistemas de Kahneman, el condicionamiento operante pues permite modificar de forma clara y sistemática comportamientos inmediatos de cuyo efecto podemos constatar casi de forma inequívoca.

Para que el condicionamiento operante funcione en seres humanos se deben identificar tres aspectos básicos:

1.- Meta objetiva: Se trata del comportamiento exacto que se espera manifieste una persona, por lo tanto, debe consistir en un comportamiento definible tanto en su duración como en su manifestación. Por ejemplo, la meta objetiva de contar un chiste es que el interlocutor se ría. La risa es un comportamiento difícil de confundir con otro en su manifestación, y su duración puede delimitarse claramente desde que comienza hasta que termina.

2.- Comportamiento monitoreado: Es la parte del comportamiento que el condicionante observa constantemente a intervalos regulares para constatar si las acciones de modificación conductual surgen el efecto deseado. Por ejemplo, un mago debe verificar constantemente que su público dirija la mirada al lugar donde él desea y no donde pueda resultar riesgoso para el efecto de sorpresa. Si llega a detectar que el público no está observando el lugar que él necesita deberá implementar una acción correctiva, como puede ser levantar la voz y poner énfasis en la varita mágica agitándola vigorosamente.

3.- Acción correctiva: Es una intervención directamente ligada tanto en la ejecución como en el tiempo para dirigir el comportamiento monitoreado de una persona hacia la meta objetiva. El secreto del condicionamiento operante radica en el uso correcto de éstas acciones, las cuales pueden ser de seis tipos. Hablaremos de una acción positiva cuando se presenta un estímulo; y de una acción negativa cuando se elimina un estímulo. También hablaremos de un reforzamiento cuando lo que buscamos es incrementar un comportamiento; hablaremos de castigo cuando lo que se busca es inhibirlo. Finalmente existe la acción denominada "escape", donde se elimina un estímulo de naturaleza desagradable, así como existe la acción denominada "evitación", donde el comportamiento busca evitar un estímulo de naturaleza desagradable.

Este último aspecto, el de la acción correctiva, es la clave para un adecuado condicionamiento para el comportamiento en la inmediatez. A diferencia de la motivación donde el pasado tiene una influencia directa en el efecto de las estrategias, y la ejecución de una respuesta motivada, puede llegar a tener un efecto a largo plazo, las estrategias de condicionamiento son efectivas en la medida en que la meta objetiva sea lo más inmediata posible. De esta manera, las estrategias correctivas pueden implementarse de forma fácil y reiterativa, sin importar mucho la individualidad de la población a la que nos dirigimos.

La primera forma de condicionamiento operante y la más inocua es la denominada reforzamiento positivo. En esta, lo que buscamos es incrementar un comportamiento mediante la presentación de estímulos gratificantes inmediatamente después de que se manifiesta el comportamiento correcto. Los dueños de perros están ampliamente familiarizados con esta técnica, pues la mayoría de los programas de entrenamiento canino se basan en el refuerzo positivo: instar al perro a sentarse y cuando logra hacerlo darle de comer un premio o acariciarlo. Sin embargo, es sorprendente la cantidad de escenarios donde el mercado, los ciudadanos e incluso los empleados son fácilmente condicionados mediante refuerzos positivos.

Un caso emblemático de lo eficaz que puede ser el refuerzo positivo es la serie de televisión *The Big Bang Theory* (*La teoría del Big Bang* en español). Si observamos un capítulo de esta serie con detenimiento y con cronómetro en mano, notaremos un patrón fascinante. La distancia entre un periodo de risas grabadas y otro tiene una duración constante, además, las risas se presentan inmediatamente después de la presentación de lo que se espera sea una escena divertida. Aplicando los principios de dos párrafos anteriores, definiremos la risa del espectador como la meta objetiva, las risas grabadas como la acción correctiva y la duración del programa de televisión como la conducta monitoreada. Lo que logra el programa con esta estructura es que el espectador se ría cada cierto tiempo, ya sea que le cause o no risa cada uno de estos momentos.

Las risas grabadas a intervalos regulares entrenan al espectador para recibir como gratificante esta grabación que le indica que está bien reírse y que es el momento de hacerlo. Están disponibles en internet mediante la plataforma de YouTube varios episodios de esta serie donde se han eliminado las risas grabadas. El resultado comportamental es desconcertante. No sólo es difícil encontrar momentos divertidos, sino que la atención se dirige al contenido de los diálogos, los cuáles revelan situaciones patéticas y disfuncionales que no causan de forma alguna el gusto por observarlo. El programa *The Big Bang Theory* demuestra cómo mediante refuerzo positivo no es necesario contar buenos chistes.

Si bien puede resultar un ejemplo poco vigente o ya superado para algunas generaciones, la Cajita Feliz de Mc. Donald's es uno de los primeros ejercicios mercadológicos donde explícitamente se hace uso del refuerzo positivo. Siendo la meta objetiva la venta de cajitas felices, el reforzador resulta ser el juguete de moda que se incluye como obsequio. El comportamiento monitoreado del niño se modifica de simplemente querer comer una hamburguesa a pedir una Cajita Feliz a cambio de poder recibir el obsequio.

El segundo tipo de condicionamiento operante es el refuerzo negativo, donde el secreto radica en eliminar un estímulo en lugar de presentarlo. Para que este estímulo sea relevante debe existir ya en la inmediatez de la persona cuya conducta queremos modificar. Esto significa que exige un conocimiento previo de la población en la que queremos influir. Todos hemos vivido situaciones donde deseamos que un componente de nuestra realidad desaparezca y ante la imposibilidad de ser nosotros los ejecutores de dicha desaparición, optamos por evitar o disminuir el contacto con dicho estímulo.

El botón de *Snooze* (dormitar o postergar) en un reloj despertador es la quintaesencia del refuerzo negativo por excelencia. Si bien la meta observable es despertarnos, el reloj despertador lo hace mediante una alarma bastante desagradable. Esta funge como el estímulo del que nos queremos librar, y como sabemos que apagar la alarma conlleva el riesgo de quedarnos dormidos, presionamos *Snooze* de tal suerte que eliminamos momentáneamente el estímulo desagradable.

Es en los sistemas de crédito bancario, donde el refuerzo negativo tiene su principal protagonismo. La mayoría de los beneficios bancarios que permiten cumplir la meta observable de pagar en tiempo y forma los créditos, surgen quitando algo que molesta al tarjetahabiente, como puede ser reducir su tasa de interés. En el caso de una cuenta de ahorro se le puede quitar la cuota anual o algún otro tipo de gasto que incremente el deseo de seguir ahorrando.

Si alguna vez nos hemos preguntado por qué son tan eficaces los sistemas de extorsión basados en "protección" es justamente por un condicionamiento de reforzamiento negativo. Una persona en condición vulnerable, como un tendero en un barrio conocido por un alza en la inseguridad, puede recibir un día una llamada pidiéndole dinero a cambio de que "no le pase nada". Como es relevante la inseguridad en la realidad inmediata de éste tendero, su conducta seguramente se verá modificada a favor de la extorsión.

En el mundo de la Internet, los desarrolladores encontraron la fuente de la abundancia en el refuerzo negativo. Ante la demanda de marcas que desean anunciarse mediante el canal digital y una ola de usuarios que no desean que sus contenidos digitales se vean interrumpidos o invadidos por esta publicidad, se ideó el esquema perfecto, donde el único que genera ingresos es el desarrollador. Nos referimos a los sistemas que permiten pagar para evitar la publicidad. Tal es el caso de Outlook, de Microsoft.

Este servicio gratuito de correo electrónico por internet mantiene su gratuidad a cambio de una estorbosa y molesta barra de anuncios permanentes que permanece fija en el borde derecho de la pantalla. Sin embargo, existe la posibilidad de eliminar dicha barra de anuncios si se paga una pequeña cuota. Aquí la meta observable es pagar una suscripción, el estímulo relevante es la barra de anuncios, y el comportamiento monitoreado es el uso de la plataforma Outlook.

Mientras más molesto es el estímulo relevante (mientras más intervenga en la inmediatez del sistema 1), más notorio es el efecto cuando se retira. El mismo principio lo utilizan varios juegos en línea que aseguran ser gratuitos, pero a cambio interrumpen la experiencia lúdica con publicidad. Eliminar estos anuncios se convierte en el refuerzo negativo que permite al usuario divertirse y al desarrollador facturar.

El tercer tipo de condicionamiento operante es castigo positivo, donde ante la manifestación de una conducta no deseada se presenta a modo de inhibidor de dicha conducta un estímulo molesto o incómodo. Cabe recordar que se le llama "positivo" porque se trata de presentar un estímulo, en este caso, indeseable. Regañar a un niño cuando se porta mal es el ejemplo más sencillo de castigo positivo.

Los mercadólogos durante muchos años han utilizado el castigo positivo en un esquema de ventas muy particular denominado "mercadotecnia coercitiva" o también mercadotecnia "por empuje". En este esquema de ventas, ante cada conducta que se perfila como una negativa a los servicios que deseamos ofrecer, el vendedor presenta escenarios desagradables o indeseables para el cliente. Tal es el caso del vendedor de seguros quien tiene preparada una lista de múltiples escenarios donde al cliente no le gustaría visualizarse, como puede ser: "Entonces, ¿usted quiere tener desprotegida a su familia?", "¿quiere quedarse sin los beneficios que sólo hoy puede adquirir?", "¿está seguro de que quiere perder las mejores ofertas y gastar hasta tres veces más?".

Algunos de estos escenarios son más eficientes que otros y ello se debe a que para que un castigo positivo sea efectivo debe de tener una relación temporal prácticamente inmediata a la conducta no deseada. Aquellos que entrenan animales de compañía saben que un castigo sólo surte efecto en los perros si se hace inmediatamente después del comportamiento no deseado. En la medida en que pasa el tiempo entre la conducta no deseada y el castigo, este último pierde su cualidad de tal, y el animal no puede asociar una cosa con otra. Este es el error principal en los esquemas de venta que utilizan el castigo positivo. Al igual que en el ejemplo anterior del refuerzo negativo, el castigo positivo es muy fácil de implementar y monitorear su eficiencia en esquemas digitales como pueden ser los portales de venta online. Justo cuando una persona desea salirse de ciertos portales de venta por internet, en lugar de que aparezca una instrucción de registro o de Wishlist, se le "castiga" con una ventana que le advierte lo desventajoso que es abandonar sus compras en ese momento.

Todo aquel que es tarjetahabiente de un crédito bancario ha experimentado de primera mano el castigo positivo cuando se ha pasado la fecha límite de pago y comienza a recibir las tradicionales llamadas de cobranza. Estas llamadas si bien tienen una función operativa de recuperación de cartera, también fungen como castigo positivo. El hecho de que ocurra a horas incómodas de la mañana, de la tarde, de la noche, en el teléfono de la casa, el trabajo o el móvil trae a la realidad inmediata la deuda a modo de castigo. La única forma que tiene el tarjetahabiente para acabar con ello es pagando la mensualidad de su tarjeta.

Las plataformas de servicios en línea con opción a suscripción traen a la inmediatez su opción de compra de membresías a través de la intrusión sistemática de publicidad. Tal es el caso ejemplificativo de YouTube Red, un servicio de música gratuita similar a Spotify pero de la mano del sistema de negocios de Alphabet Inc. A diferencia de Spotify, que interrumpe de forma sistemática entre cierto número de canciones con un mensaje que invita a adquirir la versión pagada, YouTube Red no es tan condescendiente con sus usuarios gratuitos: hace uso del castigo positivo mediante interrupciones súbitas durante las canciones con diversos irruptores aleatorios; en ocasiones será una melodía publicitada que nada tiene que ver con el playlist del usuario, otras veces será un comercial de alguna marca o producto, otras veces incluso llega a ser la interrupción del servicio invitando a probar la versión bajo suscripción.

La estrategia de YouTube Red, a diferencia de Spotify es que no causa habituación, es decir, no le permite al usuario acostumbrarse a la periodicidad y repetitividad del mismo anuncio. El castigo positivo de YouTube Red al ser aleatorio e inesperado tiene como objetivo interrumpir de forma desagradable la experiencia musical del usuario. La eficiencia de esta estrategia le ha merecido a YouTube Red un tamaño de generación de capital suficiente para producir 27 películas y series originales, tan sólo a dos años de vida de este servicio.

En un contraste de escenarios, Spotify sigue sin lograr un solo año de ganancias netas pese a contar con 140 millones de seguidores, puesto que sólo un tercio de estos hacen uso del servicio pagado. Una tendencia como ésta donde la popularidad no tiene una relación directa con la rentabilidad, puede corregirse mediante una adecuada estrategia de castigo positivo en lugar de un recordatorio sistemático que los usuarios aprenden rápidamente a ignorar.

Finalmente, el último tipo de condicionamiento operante es el castigo negativo, que consiste en eliminar un estímulo agradable o deseable, como cuando al niño se le quita el derecho de ver televisión a modo de reprenda por mal comportamiento. Todos los padres descubren de forma empírica a lo largo del tiempo de la crianza de sus niños, que este tipo de castigo sólo funciona en la inmediatez y si se ejecutan al momento.

De otra manera, se convierte en una simple amenaza que pudiera o no cumplir el padre y que además le da tiempo al crío para elaborar una solución alternativa a la reprenda. En la medida en que el castigo negativo elimine un estímulo agradable lo suficientemente relevante y ello ocurra lo más próximo en temporalidad a la conducta que se desea corregir el efecto en la modificación conductual es mucho mayor y requiere menos repeticiones para extinguir el comportamiento indeseable.

Este mecanismo explica por qué las campañas electorales centradas en la pérdida de beneficios ganados en una administración se reviran contra el promotor de esta idea a manera de amenaza. En una ocasión, un candidato de San Palermo abanderado por el partido gobernante decidió pautar su campaña centrado en todos los beneficios sociales que ha obtenido San Palermo en la administración actual y cómo estos podrían perderse de entrar otro partido al gobierno. El partido opositor aprovechó esta campaña para señalar cómo el partido gobernante estaba aprovechando los beneficios sociales con fines electorales.

Si se cumple la regla fundamental de inmediatez en las estrategias de condicionamiento, la eficacia de estas puede garantizarse con gran certidumbre. Sin embargo, como dejamos ver en alguno de nuestros ejemplos, el enemigo a vencer en esta estrategia es el fantasma de la habituación. Todo refuerzo y todo castigo fungen como tal, si y sólo si se vinculan a elementos relevantes y en ventanas de tiempo que no permiten una habituación al condicionamiento. No importa qué tanto nos condicione una serie de televisión a verla y tener comportamientos repetitivos ante ella. Llega un punto en que deja de ser relevante el refuerzo o el castigo y es en ese momento donde el condicionamiento deja de funcionar. En estos casos donde las condiciones del mercado propician una habituación demasiado rápida a reforzadores o castigos como para que llegasen a surtir efecto, existe una segunda estrategia que permite modificar conductas en la inmediatez. Se trata del principio de expectativa.

Expectativa
Cuando hablamos de toma de decisiones en la inmediatez no hay nada mejor que referirnos a los trabajos del profesor Victor H. Vroom. Pese a que varios de sus escritos se encuentran actualmente tergiversados como "fundamento teórico" de una serie de disparates motivacionales, la esencia de sus investigaciones en el ámbito de la teoría de expectativa sigue intacto. Al igual que en el tema del condicionamiento sugerimos encarecidamente referirse a los textos originales de Vroom para profundizar a detalle. Nosotros esbozaremos la estrategia de expectativa sólo lo suficiente para ser operante su definición en el contexto que nos concierne.

Dicho esto podemos definir una estrategia adecuada de expectativa como aquella que interviene en la relación que un consumidor establece entre su intención volitiva para realizar una acción y el valor que esta representa. En una perspectiva muy simple, el principio de expectativa puede definirse como un principio de resultado bajo la lógica "si hago X obtengo Y" la cual es una de las formas más primitivas de pensamiento. Investigaciones en niños han establecido que ya desde los seis meses de edad un bebé es capaz de establecer esta relación de obtención de un valor Y como consecuencia de una acción X.

Se cuenta ya con una vasta literatura que narra cómo durante esta ventana primigenia en el desarrollo del bebé, este descubre cómo su llanto aleatorio genera una serie de comportamientos a su alrededor. Poco a poco descubre que el uso del llanto genera en ocasiones acciones satisfactorias como arrullarlo, recibir alimento o cambiarle el pañal. En la medida en que estas necesidades son cubiertas en una relación temporal inmediata con el llanto, el infante asocia rápidamente su comportamiento con el satisfactor.

Las cosas conforme pasa el tiempo se vuelven más complicadas. De simples satisfactores biológicos, el valor (satisfacción anticipada) por realizar una acción se complejiza a niveles a veces insospechados. El profesor Vroom define cuatro tipos de valores asociados a una acción. El primero y más simple es el denominado *valor intrínseco* donde la acción es por sí misma el satisfactor. En la mayoría de las especies vertebradas y en algunos seres humanos, el sexo coital es un caso de valor intrínseco, donde el acto es por sí mismo ya el satisfactor tácito.

El segundo tipo de valor es el denominado *de dificultad* donde la satisfacción anticipada no radica en la acción misma, sino en lo complicado o poco habitual que puede resultar realizarla. Aproximadamente a los tres años de edad los seres humanos descubrimos que en la medida en que somos capaces de realizar una acción que nuestros pares no pueden realizar, se le atribuye un valor adicional a dicha acción.

El autor recuerda claramente el momento exacto en que tuvo este descubrimiento en su propia infancia y con gusto lo narra en estas líneas. Ocurría a la edad de tres años, un festival escolar de invierno con la temática religiosa de los pastores que acudían a Belén para constatar la llegada del niño Jesús. Algunos niños caracterizaban a los pastores y otros, como en el caso del autor el de corderos.

Sucedió que, accidentalmente el autor andando en cuatro puntos simulando el caminar del animal que representaba resbaló y cayó al suelo. La consecuencia inmediata de esta acción fueron las risas de ternura de los padres que presenciaban la representación de sus hijos. Esta respuesta le dio un valor a la caída que intrínsecamente no tenía. El autor anticipó la satisfacción que provocaría volver a hacer reír al público. El resultado fue esperar algún momento oportuno para resbalar nuevamente, pero ahora de forma premeditada, logrando por segunda ocasión la risa de los presentes. La relación entre una acción y el valor que obtenía al ser poco habitual o sorpresivo, se había establecido ya en la mente de un niño de tres años.

El tercer tipo de satisfacción anticipada es la denominada *instrumental*. Este tipo de valor tarda más en desarrollarse en el ser humano y será poco después de la pubertad cuando establecemos el valor que tienen ciertas acciones por permitirnos acercarnos a una meta deseable. Dicho de otra manera, aprendemos a atribuirle un valor a aquello que nos acerca a algo que ya tiene su valor identificado. El ejemplo más simple del valor instrumental radica en el aprendizaje del sentido del ahorro.

Un niño de cinco años simplemente desconoce el valor simbólico del dinero y su madurez cerebral no le permite todavía representar mentalmente el sentido que tiene juntar sus monedas en una alcancía. Los padres que hayan tratado de enseñar a sus hijos esta estrategia de acumulación de dinero habrán notado cómo para el niño antes de los diez años el dinero de la alcancía simplemente "desaparece". La imagen mental de la suma de las cantidades que representan las monedas y los billetes carece de valor hasta que el niño es capaz de visualizar la cantidad de dinero que necesita para adquirir un bien tangible.

Continuando con este ejemplo, el valor intrínseco que tiene comprar una nueva bicicleta funciona para apuntalar el valor instrumental de ahorrar el dinero suficiente para realizar esta acción. Algunos teóricos economistas destacan cómo varios sectores de la población se encuentran altamente adaptados a este tipo de sistemas que permiten atribuirle valor instrumental a acciones que por sí mismas pudieran no tener ningún valor.

Tal es el caso en ciertos sectores socioeconómicos de las "tandas", "planes de ahorro" o "autofinanciamientos" donde un grupo de personas se organizan para ahorrar sistemáticamente dinero de forma colectiva. Si bien financieramente el beneficio sólo radica en la disposición inmediata de una cantidad específica de dinero en un momento determinado del tiempo, el valor intrínseco de esta cantidad es suficiente para que los participantes abonen de forma periódica una cantidad significativamente menor.

Finalmente el cuarto y último tipo de valor que constituye el principio de expectativa es el *extrínseco*. Este es el tipo de valor más complejo y sólo se llega a constituir simbólicamente en la mente del ser humano poco después de la adolescencia cuando ocurren la maduración del lóbulo frontal y su consecuente poda neuronal. Gracias a ello, los seres humanos somos capaces de establecer valor simbólico a acciones que por sí mismas carecen de valor, son particularmente difíciles o infrecuentes y ni siquiera nos acercan a un valor previamente identificado. Diversas sociedades cuentan incluso con rituales cuyo valor radica en un aspecto histórico y cultural; cuando un extranjero observa dichos rituales ajenos al contexto al que pertenece resulta muy difícil entender el sentido o el valor que pudiera tener.

Quizá uno de los ejemplos más claros con los que contamos los mexicanos es el ritual de los Voladores de Papantla; un espectáculo arraigado fuertemente tanto como herencia indígena como símbolo de identidad nacional con su particular mística y complejidad. Pero si se eliminan y se ignoran todos estos factores como puede ocurrirle a los extranjeros que visitan el país, una apreciación fría del fenómeno puede reducirse como un mal número muy rudimentario que quizá hayamos visto mucho mejor ejecutado por el *Cirque du Soleil*.

Dominar la dinámica de principio de expectativa nos permite utilizarlo de forma sistemática cuando deseamos generar comportamientos de conciencia presente (awareness), cuando el condicionamiento no sea operante. Un uso inadecuado o superficial de este principio trae como consecuencia inmediata un rechazo evitativo del fenómeno e incluso una inhibición de la conducta deseada. Dado que se cuentan con más casos del fracaso de esta técnica que con casos exitosos, muchos especialistas en el tema no aconsejan el uso de la expectativa. Además, algunos de los escenarios más desafortunados con los que podemos encontrarnos en temas de venta, son justamente usos y abusos del principio de expectativa como es el caso de la publicidad engañosa; ¿cómo entonces se usa adecuadamente este principio?

El primer paso consiste en definir las tres variables que participan en la fórmula: fuerza, valor y expectativa. Ya definimos párrafos más arriba que la característica fundamental del valor es su naturaleza como satisfacción anticipada, y esta depende directamente de la relación entre la fuerza o esfuerzo involucrado en la obtención del valor, y la expectativa propiamente dicha. Ello establece una regla fundamental: La fuerza requerida para obtener un valor no debe ser equivalente a la expectativa, o en su caso, mayor, pero nunca menor. Planteemos el siguiente escenario para visualizar las consecuencias de esta regla.

Supongamos que un comprador cuenta con un dólar y sólo con este dinero acude a una de esas famosas tiendas de "Todo a un dólar". Esta cantidad de dinero que nuestro personaje está dispuesto a gastar representa el total del esfuerzo neto involucrado en su decisión. Además, dado que todos los productos de la tienda cuestan lo mismo, la única diferencia será la satisfacción anticipada (valor) que le genere cada uno de los productos que vea.

El producto "A" tiene un valor eminentemente intrínseco, se trata de un prendedor para la ropa. El producto "B" tiene un valor particularmente instrumental, se trata de un marco para fotos. En este momento el producto "A" está en desventaja ante el producto "B" y si sólo nos centramos en este primer escenario, seguramente el lector optaría por gastar un dólar en un marco para fotos que en un prendedor. Sin embargo, el dueño de la tienda conoce el funcionamiento del principio de expectativa y el prendedor está en una sección denominada "regalos". Ello suma un valor instrumental adicional al valor intrínseco del prendedor, lo que ahora coloca en igualdad de circunstancias tanto al prendedor como al marco de fotografías en lo que respecta al valor.

Nuestro amigo tendero ha sabido utilizar el principio de expectativa para que nuestro comprador se centre no en el precio de los productos sino en la satisfacción anticipada que provocaría adquirir un producto de gran valor a menor precio, cuando objetivamente los productos pudieran tener mucho menor valor del que cuestan.

Si la relación entre fuerza, valor y expectativa fuera lógica, nuestro comprador del ejemplo sacaría cuentas para saber qué decisión le conviene más. Pero como hemos visto es justo la relación entre esfuerzo como numerador y valor como denominador, lo que impide visualizar linealmente qué decisión es más conveniente por lo que la satisfacción anticipada se vuelve el factor fundamental en el que debemos influir. El objetivo del tendero no es el de generar motivación, sino de traer a la conciencia presente la mayor cantidad de productos con los que cuenta.

Las cadenas de comida rápida conocen muy bien la manera de influir en el valor anticipado antes de que ello ocurra. De ahí que sus platillos hagan alusión a conceptos altamente satisfactores como "paquete familiar", "desayunos completos" o el famoso y multicitado "combo". Sin embargo, estos nombres no se dirigen a la inmediatez, por lo que no tienen función de generar conciencia presente. Para ello se debe dar un sentido de temporalidad a la satisfacción anticipada por adquirir el valor. Cuando se transforma el "combo" en "combo navideño" automáticamente se convierte en un producto con caducidad anticipada, lo que incrementa el valor y justifica el alza de un precio.

Lo inverso es también posible, hacer que el comprador desee (incrementar expectativa) valores que normalmente representan poco esfuerzo (como puede ser poco dinero). Las ofertas temporales como el tradicional "Julio regalado" en México son exitosas en la medida que se oferten cosas de poco valor y poca inversión económica (esfuerzo). La oferta radica en realidad no en el ahorro, sino en la satisfacción anticipada que genera una adecuada campaña publicitaria, tanto que existe un sector muy particular de la población en México que toma esta oferta recurrente anual como un evento familiar para adquirir gran cantidad de productos.

El mismo principio obedecen las "ventas nocturnas" que anticipan una satisfacción centrada en la hora de la compra. La manera más compleja del uso del principio de expectativa se encuentra cuando el esfuerzo requerido y el valor son significativamente grandes como puede ser la compra de un auto, muebles, cocinas o inmuebles. Dado que estas suelen ser compras planeadas, las estrategias de expectativa se utilizan para mantener en la mente del comprador la opción deseada. Por ello, las automotrices invierten todo el año en publicidades de *awareness* y no sólo en los meses donde estadísticamente saben que ocurren la mayoría de las ventas.

En resumen, en la medida en que incrementa el esfuerzo por adquirir un valor del que se ha anticipado su satisfacción, incrementa la expectativa, y en la medida en que el mismo esfuerzo pueda utilizarse para adquirir un valor de entre una serie de opciones, la opción de mayor valor requiere menos expectativa. Por lo tanto, la estrategia de expectativa funciona cada vez que se quiera traer a la conciencia presente el valor que se encuentra en desventaja de los demás valores cuando todos impliquen el mismo esfuerzo; o el valor que requiere el menor esfuerzo cuando en todas las opciones se implica la misma satisfacción anticipada.

Para ilustrar el primer caso, podemos recurrir a la interface de compras de Amazon. En esta plataforma del comercio digital, el usuario normalmente acude para adquirir un producto cuyo valor (satisfacción anticipada) ya se ha materializado lo suficiente para poder atribuirle cierto nivel de esfuerzo como es entrar a la plataforma y destinar un presupuesto a la compra. La plataforma de Amazon debe traer a la conciencia presente del comprador otros productos que no están en la mente de su cliente en ese momento.

Para ello Amazon crea la ilusión de reducir el esfuerzo por encontrar otros productos con la barra denominada "Otros compradores del producto X también han comprado..." donde el producto X es el que el comprador ya ha decidido adquirir. En algunas ocasiones además, la plataforma de Amazon puede llegar a sugerir un "combo" entre el producto X ya decidido y un producto que representa una inversión económica similar, pero también una gran satisfacción anticipada. Amazon no espera que todas estas compras se concreten en ese momento, sino hacer presente en dicha ventana de tiempo la presencia de otros productos que pudieran sostener el interés del comprador en el momento de la navegación y en un momento posterior.

En el segundo caso donde se desea traer a la conciencia presente el valor que requiere el menor esfuerzo cuando en todas las opciones se implica la misma satisfacción anticipada, recurriremos a un caso del alcalde de San Palermo. En esta ciudad se inició una campaña masiva para promover el ahorro del agua. Esta campaña consistía en una serie de mensajes tanto en medios masivos como en carteles colocados en baños, cocinas, y cualquier otro lugar donde las personas tenían acceso al servicio de agua municipal. Sin embargo, pese al presupuesto invertido en esta campaña, no había cambio alguno en el consumo del agua de los habitantes. Los asesores del alcalde se dieron cuenta oportunamente que dicha campaña se dirigía al sistema 2, es decir, a largo plazo. Como ya hemos destacado, para traer algo a la conciencia presente (generar Awareness) nos debemos dirigir al sistema 1.

De esta manera, el gobierno de la ciudad implementó una estrategia en los edificios de gobierno, donde el suministro de agua se suspendía a las 9:00 am. En conjunto con ésta acción se colocaron carteles que no hablaban de la escases de agua en un futuro ambiguo, sino una leyenda que decía "Edificio con suministro de agua limitado, modere su consumo". La consecuencia inmediata al cabo de unos días era que los servidores públicos se quedaban sin agua a lo largo del día. De esta manera se trajo a la inmediatez una consecuencia fácil de ilustrar y visualizar, pero al no ser tangible, se solía desestimar. Al cabo de unas semanas, el consumo de agua entre los servidores públicos se moderó a tal grado que el suministro era suficiente para toda la jornada de trabajo.

Primado

Hablar de primado es mucho más fácil si definimos de una buena vez lo que no es. Por suerte, Daniel Kahneman escribió una severa carta a los entusiastas del *priming* en el año 2012 pidiendo que dejen de utilizar el término para referirse a todo aquello que podría parecer cierto y que sólo se haga uso del término cuando los experimentos científicos demuestren que el efecto es demostrable. Aunque esta carta tiene más de cinco años, se sigue hablando, por ejemplo, del "primado de la bondad", donde supuestamente si una persona experimenta la bondad, sentirá la necesidad de ser bondadoso con alguien más.

También se habla del "primado orientado a metas", donde se asegura que se puede alterar la percepción de una persona si esta conoce los objetivos del primado, pero desconoce la forma en que se le está primando para dirigirse a dichas metas, en una suerte de terapia subliminal. Finalmente, también se ha llegado a hablar de "primado sensorial" en temas de mercadotecnia, donde supuestamente se puede influir en la percepción de sabores o fragancias si antes se expone a la persona a elementos previamente asociados con la experiencia sensorial que se busca. De este último caso incluso circula en innumerables libros de "neuromarketing" el experimento donde los consumidores prueban una limonada y la califican de sabor más dulce cuando esta se sirve en un vaso con la palabra "limonada" en amarillo, que cuando las mismas palabras están en color verde. Tal experimento nunca se ha publicado, y quienes lo han querido replicar, no encuentran tales resultados.

Todos los casos anteriores son prueba fehaciente de cómo algún caso anecdótico llega a convertirse en un famoso ejemplo de primado, pero que bajo la lupa metodológica y teórica, no dejan de ser meras casualidades que nada tienen que ver con el concepto real de *priming*. Ahora que ya definimos lo que no es, podemos definir claramente lo que sí es. El primado es un efecto en la memoria donde la exposición a un estímulo X influye en la respuesta ante un estímulo Y. La característica fundamental del primado, es que el estímulo X no se recuerda pues pasa desapercibido en la inmediatez, o bien, por debajo del umbral de conciencia inmediata.

El paradigma fundamental de primado es históricamente semántico, es decir, consiste en medir la velocidad (respuesta) que tiene una persona ante una palabra (estímulo Y) cuando ha sido o no presentado ante la palabra de primado (estímulo X). El efecto de este paradigma es tan claro que puede medirse a escala neurofisiológica mediante la técnica de potenciales relacionados a eventos o ERP por sus siglas en inglés. Además, es fácilmente demostrable como lo probaremos en las siguientes líneas. Abajo tenemos una serie de palabras. Las siguientes son combinaciones de letras que forman palabras relacionadas al tema de *salud*; trate el lector de brincarse las siguientes seis líneas hasta el siguiente párrafo.

ARODLIP
ANICIDEM
ATSITNED
AREMREFNE
ROTCOD
ETNEICAP

Ahora, localice en los textos superiores las letras que forman la palabra "doctor", contando el tiempo a partir de éste momento.

Repetiremos el experimento, pero en ésta ocasión el lector debe brincar nuevamente las próximas seis líneas de palabras hasta el siguiente párrafo.

Prof. César Monroy-Fonseca, PsyD, MSc

LATIPSOH
AICNATSID
ADAROBLA
ADELOBRA
ODILLUAM
AMEDAID

Si ha seguido la instrucción de forma correcta, el lector deberá contar ahora cuánto tiempo tarda en encontrar la palabra "arboleda" en la lista superior a partir de éste momento. La sensación subjetiva de tiempo será la misma, pero si tomamos un cronómetro, el lector se dará cuenta de dos cosas, le tomó menos tiempo encontrar la palabra "doctor" que la segunda palabra. Lo mejor de todo es que además, el lector recordará la palabra "doctor" por mucho más tiempo, y quizá a esta altura del texto haya olvidado ya cuál era la segunda palabra.

El primado en este ejercicio se esconde sutilmente en la primera instrucción donde decimos que las palabras pertenecen al tema "salud". Esta instrucción altera la manera en que el lector recurre a sus centros asociativos predisponiéndolo a buscar primero palabras dentro de un mismo campo semántico. Además, en la segunda tira de palabras hay un segundo primado cuando la primera de estas también pertenece al mismo campo semántico de salud. Ello influye en la velocidad de búsqueda de las siguientes palabras que quedan fuera del campo semántico primado, generando el retraso en el tiempo de respuesta.

Existe una amplia literatura científica de experimentos similares donde se demuestra cómo un estímulo de característica semántica tiene la capacidad de influir en la respuesta que se tiene ante un segundo estímulo también semántico. Todavía no hay, a la fecha un libro lo suficientemente serio que recopile estos hallazgos, por lo que el uso del *priming* debe hacerse bajo un estricto rigor metodológico para no caer en una mera observación sesgada.

En el campo de la toma de decisiones de consumo, el primado puede utilizarse con gran utilidad cuando se busca un reconocimiento (*aknowledgement*) de un atributo particular de un producto o servicio. Supongamos que se trata de un café soluble. Los atributos intrínsecos de este tipo de bienes de consumo pueden ser entre otros: aroma, sabor, acidez, color, solubilidad y cuerpo. Estos son los "estímulos Y" susceptibles de primado, es decir, que la respuesta a estos puede modificarse mediante el estímulo semántico "X".

Centrémonos en el atributo de solubilidad, el cual es característico del producto que queremos lanzar al mercado. Lo primero que debemos hacer es identificar el campo semántico al que pertenece el atributo "solubilidad". Encontraremos como sinónimos los temas de facilidad, sencillez, velocidad, así como sus antónimos: dureza, dificultad, y pesadez. Nuestro producto tiene una composición química que le da solubilidad instantánea, por lo que no necesita de removedores o cucharillas como en el caso de la competencia. Si bien es una gran ventaja, no es realmente la solución a un problema, ya que nuestras investigaciones de mercados nos indican que al consumidor realmente no le molesta tener que disolver su café con una cuchara en la actualidad.

Esta es una gran oportunidad para utilizar el primado. Dado que el tema de solubilidad no es relevante, nuestra estrategia de *priming* tendrá como objetivo hacerlo relevante, es decir, lograr que el consumidor *reconozca* este atributo como valioso. Nuestro producto deberá recurrir entonces a claves semánticas (también conocidas como *semantic cues*) que primen al comprador desde el mismo nombre de la marca. Así, se sugieren nombres del tipo "instasolve" o "instacoffee"; o conceptos inexistentes como "non-stir technology" que permite visualizar la ventaja de este atributo.

Cuando se integran los elementos de primado, descubrimos además que alrededor del campo semántico negativo para nuestro atributo, hay una liga muy sutil con el tema de la contaminación por plásticos. Resulta entonces que se puede lograr un reconocimiento del atributo de solubilidad, no sólo por su ventaja intrínseca, sino también por su impacto ambiental. De esta manera al efecto de *priming* se le suma una segunda noción que refuerza el aknowledgement con conceptos ligados a la contaminación y sus efectos. Con toda esta información, se crea una campaña con la intención de que el mercado reconozca nuestra marca de café como el más amigable con el medio ambiente gracias a que no requiere de agitación para disolverse en la taza perfecta de café:

"Café INSTA, único con *non-stir technology*; 100 cucharas de plástico menos en nuestro planeta, por cada frasco".

Como podemos notar, el atributo de interés respecto de la solubilidad no se menciona en ningún momento, ya que el primado tiene como objetivo hacerlo relevante como tema, lo cual se logra con el nombre del café, el nombre de la tecnología de disolución, y con la consigna del beneficio ambiental.

En lo que respecta a las estrategias de reconocimiento mediante *priming* en el campo público, tenemos forzosamente que hablar del fenómeno Mujica; ex presidente de Uruguay a quien no se le puede imaginar sin la compañía de su destartalado Volkswagen, modelo escarabajo, color azul. Tal imagen se logra a través de una adecuada campaña de primado donde todo lo que representa tener un auto con estas características significa. Incluso la prensa llegó a referirse a Mujica como "El presidente más pobre del mundo". Pero, para que una estrategia de *priming* funcione de forma tan eficiente no basta simplemente con usar un auto con las características y atributos que queremos transmitir.

Esta lección la aprendió un candidato a la alcaldía de la ciudad de San Palermo. Después de leer un libro sobre las ventajas del uso de estrategias de *priming* decidió centrar su campaña en la transmisión de una imagen de candidato jovial para atraer a los votantes "millennials", quienes representaban el 60% de la lista nominal de votantes potenciales en esta municipalidad. Así, el candidato cambió la vestimenta ejecutiva por unos blue jeans y una camisola, se rodeaba de universitarios en sus discursos de proselitismo y además se trasladaba en un Volkswagen Safari convertible reconstruido de la era de 1960.

Todas estas estrategias no tuvieron el efecto deseado, no porque hubieran sido poco auténticas o mal implementadas. Fracasaron porque no se cumplieron dos reglas básicas del primado: en primer lugar lo que modifica el *priming* es la respuesta ante un estímulo, no su percepción; en segundo lugar, el "estímulo X" que constituye el primado debe presentarse antes del "estímulo Y". Bastó que en un par de ocasiones, los habitantes de San Palermo observaran cómo el candidato se trasladaba en su auto real cuando no hacía proselitismo para que el efecto de la estrategia de "El Volkswagen Safari convertible" simplemente perdiera toda posibilidad de efecto.

Por mayor que sea la premura por lograr un reconocimiento en los ciudadanos, el *priming* jamás tendrá efectos inmediatos. Mujica utilizó todos los días su escarabajo azul años antes de ser candidato a la presidencia y lo sigue usando. En el caso del candidato de San Palermo, antes de definir el uso de elementos asociativos con juventud dirigidos al mercado *millennial*, los consultores debieron indagar en los atributos semánticos que el candidato pudiera absorber como parte de sí y no a manera de fachada.

Recordemos que el *priming* tiene su máxima utilidad cuando el objetivo es hacer relevante lo que normalmente pasaría desapercibido o como algo que siempre se ha dado por hecho. Gran cantidad de productos y servicios, especialmente los de carácter público pueden beneficiarse directamente de estrategias de primado, puesto que la ciudadanía no espera otra cosa al activar el interruptor de su casa más que haya luz, o que fluya agua al abrir el grifo.

Regresando a la ciudad de San Palermo, el alcalde recientemente electo encontró que existía la posibilidad de reducir las tarifas eléctricas hasta un 3% en el consumo doméstico, gracias a labores de la administración anterior. Sin embargo, en experiencias documentadas por otras municipalidades, normalmente la ciudadanía no notaba, ni agradecía una reducción en la tarifa del consumo de luz. El alcalde quería que esta reducción en las tarifas fuera la primer gran acción en su gobierno.

Contrató a un experto en primado, quien lo primero que hizo fue identificar qué respuesta es la que se tenía como objetivo modificar. Definió así el reconocimiento en la baja de tarifas en la luz doméstica como la respuesta meta. Esta respuesta obedece a un "estímulo Y" directo que es el recibo de luz de cada habitante de la ciudad de San Palermo. El "estímulo X" se define así como aquel elemento semántico que volvería relevante al "estímulo Y", es decir, la reducción en el tarifario reflejado en el recibo de luz.

Hecho esto, el consultor recomendó una campaña centrada en los atributos intrínsecos de la reducción tarifaria: ahorro, economía, más dinero, liquidez, etc., así como en la forma de sacar del proceso de reconocimiento el concepto numérico de 3%, el cuál suena semánticamente a "poco", "casi nada", "da lo mismo", etc. Gracias a la flexibilidad y ciertas licencias institucionales, se pudo cambiar de nombre la factura del recibo de luz a "RECIBONO", tres meses antes de implementar el cambio de reducción de tarifa. Al reverso del nuevo "Recibono" se explicaba el cambio de éste nombre con una indicación muy sencilla: "Próximamente tus pagos te regresarán dinero". La falta de claridad y la pauta de tiempo que genera la palabra "próximamente" genera tanto dudas como expectativas, pero el efecto más importante es lograr que la ciudadanía adopte el nuevo nombre "Recibono".

Después de éstos tres meses de entrenamiento semántico, los habitantes de San Palermo ya se referían al documento como "Recibono", pero no tenían muy claro en qué consistía éste cambio. Así, el mes de implementación del beneficio cambió el diseño y aspecto del recibo, donde se señalaba el monto a pagar, y la cantidad que se le "regresaría" al ciudadano en agradecimiento por su pago. Además, éste monto que se le regresa al ciudadano es acumulable en cada Recibono. Tal beneficio justificó y dio sentido a una expectativa que ya estaba primada en los habitantes y logró volver significativo ese 3% de dinero que de haberse convertido en alguna reducción tarifaria simple hubiese pasado desapercibido o, lo peor de todo, criticado.

Adoctrinado

Las estrategias de reconocimiento a veces requieren de un trabajo mucho más enérgico en el Sistema 2, no como en el caso del primado, en una ventana de tiempo de horas, días o meses, sino metas temporales bastante más complejas. Pensemos en los siguientes escenarios: ¿Cuánto tiempo tardamos en reconocer la comida peruana como una oferta gastronómica compleja? ¿Cuánto tiempo tardaron las marcas surcoreanas en ganar la confianza de los consumidores en el mundo? ¿qué tiempo le toma a una dieta de moda popularizarse e instaurarse en las opciones nutricionales de una sociedad?

Ninguno de estos escenarios puede presumir de instantaneidad; ninguno se dio por efecto de un cambio radical o inmediato en el contexto, en el ambiente, en la oferta, o en la demanda. Pero todos tienen algo en común: requirieron de una estrategia de manejo de la comunicación suficientemente longeva para dejar elementos sensoriales bien sembradas en la memoria, mensajes simples y fuertes con la capacidad de transformar la manera en que se entiende un tema, además de una invitación constante a involucrarse con la oferta mediante la construcción continua de una motivación.

Esto se logra gracias a la estrategia del adoctrinado. Surgido en entornos eminentemente sociales y con una raíz de propaganda política, el adoctrinamiento es quizá la herramienta heurística por excelencia para generar fidelidad a largo plazo. Consiste principalmente en aprovechar diversas técnicas pedagógicas que educan a poblaciones completas a pensar de una manera particular respecto de un tema, una persona, un escenario, e incluso la percepción propia. Las sectas basan toda su solidez en ésta estrategia, así como varios líderes políticos, gurús de marca, y demás personajes con una estructura de seguidores convencidos de la infalibilidad y unicidad que posee la versión en la que creen.

La estrategia de adoctrinamiento se rige bajo una máxima enunciada por primera vez por G.K. Chesterton dentro de sus trabajos que critican las paradojas sociales: "En la medida en que un sujeto se considere a sí mismo más libre, es más fácil que otro pueda adoctrinarlo". En ésta máxima, Chesterton señala cómo la libertad es una noción social y no individual, por lo que un sujeto que se asume libre en realidad sólo quiere creerlo, por lo que es susceptible de creer en todo aquello que nutra su ilusión de ser libre.

Llevado al campo de la toma de decisiones, en la medida en la que menos claridad se tenga de un tema, los seres humanos somos más propensos a abrazar la versión de dicho tema que se parezca más a lo que queremos creer o entender de éste. Dicho principio se denomina sesgo de confirmación, y es una especie de "atajo cerebral" donde el Sistema 2, para ahorrar energía, privilegia aquello que confirma o refuerza de alguna manera lo que ya existe en el plano de lo aceptado.

Un ejemplo muy sencillo es la divulgación de noticias en redes sociales y su consecuente fenómeno llamado "cámara de eco". Éste fenómeno consiste en cómo una persona con una ideología particular de la cual tiene poco conocimiento, tiende a compartir las noticias que refuerzan su ideología en lugar de aquellas que sean más críticas o que recurran a fuentes informadas. Con el tiempo, ésta persona estará rodeada de gran cantidad de personas que comparten su misma ideología y su mismo nivel de desconocimiento, creando una "cámara de eco" donde todos viven la ilusión de que su ideología es tan cierta que "todo mundo" está de acuerdo.

El adoctrinante, en éste caso, es la persona detrás de las noticias que aprovechan el desconocimiento real que existe en éste grupo de gente sobre el tema, pero que les nutre la ilusión de la ideología que quieren creer. Tal adoctrinante tiene un gran poder sobre ésta población, pues conforme avanza el tiempo puede influir en la forma de interpretar un fenómeno, en la forma de conceptualizar hechos, en la manera de involucrarse activamente en un tema e incluso en qué tanto se debe invitar a expresar abiertamente una ideología o mantenerla en secrecía.

Pese a lo terrible que pudiera parecer éste ejemplo, normalmente y en la mayoría de los casos no se trata de actos mal intencionados. El adoctrinamiento tiene su espectro más amplio en la divulgación y solidificación de ideas que permiten un crecimiento en un tema particular e incluso crear nuevas perspectivas de entendimiento sobre temas viejos. En México tenemos quizá uno de los casos más emblemáticos de adoctrinamiento de un mercado poco entendido respecto de un tema particular como es el consumo del ron.

Toda una generación recibió un adoctrinamiento tan bien ejecutado y con una perspectiva a largo plazo, tan clara que a la fecha se sigue hablando de la "prueba del añejo". Éste concepto lo construyó la casa Bacardí como estrategia mercadológica para diferenciar las propiedades organolépticas del producto *Añejo de Bacardí*. Gracias a la poca cultura que existía en la década de los 70'S del siglo XX respecto del consumo de bebidas alcohólicas más allá del tequila y la cerveza, la casa Bacardí estableció una estrategia que aprovechó éste desconocimiento para instaurar los propios conceptos que querían que el mercado abrazara como los criterios a tomar en cuenta para juzgar la calidad de un ron.

La duración de la campaña y la adecuada ejecución de la misma hicieron que los compradores adoptaran la famosa "prueba del añejo" como una manera de mostrarse conocedores en el tema del ron. Entre 1985 y 1995 los hogares de nivel socioeconómico medio y superior poseían dentro de sus diferentes artículos de cantina un flameador, artículo fundamental para dicha prueba, a manera de compromiso con el adoctrinamiento asimilado.

Los estudios de laboratorio centrados en la medición del efecto de estrategias de adoctrinado nos permiten saber que el tiempo que una persona necesita permanecer en adoctrinamiento para adoptar las ideas, conceptos, o acciones promovidas mediante esta estrategia varían en función de las características extrínsecas de éstas. Dicho de otra manera, mientras más complejidad externa posea aquello que se promueve mediante adoctrinamiento, más tiempo requiere la duración de la estrategia. Adoptar una nueva marca de ropa como la favorita implica poco menos de tres meses, mientras que asumirse simpatizante de un candidato político, requiere cerca de dos años.

Si bien la máxima de Chesterton es la primera característica de esta estrategia, existe una segunda, también fundamental y que también se ilustra de forma magistral con el ejemplo previo. Se trata del principio de autocomplacencia, otro tipo de "atajo cerebral" que constituye uno de los sesgos cognoscitivos más poderosos para influir en el reconocimiento. Este principio consiste en alterar la percepción de la realidad de tal forma que la persona se sienta mejor consigo misma.

El sesgo de autocomplacencia es uno de los descubrimientos más recientes de la investigación en toma de decisiones y su funcionamiento nos permite explicar gran cantidad de fenómenos en redes sociales donde pareciera ser que los hechos ya no son tan importantes como lo bien o mal que estos hagan sentir a una población particular. En el caso de los consumidores que adquirieron su famoso flameador para hacer la prueba del añejo, no lo hicieron porque creyeran cierta dicha prueba, sino porque poseerlo generaba una percepción de realidad donde ellos se ven a sí mismos como más conocedores del tema.

Si combinamos el principio de confirmación y el principio de autocomplacencia, contamos con los dos ejes que nos explican el éxito del adoctrinamiento. En primer lugar, identificar personas susceptibles de darle valor a lo que queremos porque les confirma algo que ya dan por cierto; el segundo lugar ofrecer una versión de realidad donde las personas mejoren la percepción de ellos mismos. Reforzar ideas, y que éstas hagan sentir mejor a la persona sobre sí misma es la clave detrás de toda estrategia de adoctrinamiento. El resultado no es necesariamente una acción única, sino un compromiso a largo plazo, donde la persona ha colocado en un lugar específico aquello en lo que se le ha adoctrinado, y dicho lugar es difícil de cambiar.

Pensemos por un momento en la entrega de los Premios Óscar de la Academia de Artes y Ciencias Cinematográficas de Estados Unidos. Dicho premio no logró el grado de reconocimiento actual solo por un acto de decisión, sino a través de la construcción de valor de marca a través de varios años de constancia. Sin embargo, pese a que la primera ceremonia fue en 1926, no fue sino hasta su cuarta edición que los organizadores descubrieron el poder que tenía en el gremio de actores y cineastas otorgar un premio, identificando de forma fortuita, lo que hoy llamamos sesgo de autocomplacencia.

Con los años, esta entrega de premios ha sabido adoctrinar a todo un mercado que hoy en día ya no duda del valor ni de la ceremonia ni de la marca. Esto no ocurre con otro tipo de premios similares dado que no se basan en un adoctrinamiento de su mercado, sino en criterios más especializados donde sólo los expertos en el tema reconocen su valor.

Tenemos también el caso más particular de la introducción de una nueva marca de consumo en el mercado masivo, específicamente en la industria de la moda. Toda marca en este escenario enfrenta un problema característico de la industria, y es el fuerte reconocimiento (*aknowledgement*) que pesa sobre las marcas ya presentes por años en el mercado, ¿cómo hace una marca para pasar rápidamente a la predilección del mercado interesado en estar a la última moda? Prácticamente todas las marcas conocen el secreto, una estrategia de adoctrinado conocida en el medio como *trendsetting*.

El *trend-setting* consiste en construir justamente los dos ejes que guían un buen adoctrinamiento: por un lado le dicen a los interesados en la moda qué "está de moda" (principio de confirmación) y por otro lado utilizan personajes y ambientes que representan esa realidad a la que aspira el mercado (principio de autocomplacencia). La duración de este *trend-setting* suele ser de entre uno y tres meses, tiempo suficiente para que las marcas puedan ponderar el éxito o fracaso que pudiera augurar la introducción de un nuevo producto de moda. Esta estrategia de adoctrinado la utilizan de la misma manera con su correspondiente margen de presupuesto y producción, desde la casa Louis Vuitton, hasta la empresa Avon.

En temas sociales, las estrategias de adoctrinado se utilizan también para que un sector poblacional reconozca cierto tema, concepto o idea como cierto. Especialmente en el abstracto universo englobado bajo la palabra "coaching" somos testigos constantemente de estrategias que lejos de ser formativas, se centran en que las personas abracen como incuestionable una versión particular de realidad. Esta versión de realidad se apuntala en los dos ejes del adoctrinamiento: Por un lado le dicen a las personas lo que quieren escuchar, y por otro, ofrecen herramientas o ideas que les permitan alterar la percepción de la realidad de tal manera que la persona se sienta mejor consigo misma.

En este universo de adoctrinamiento social, nos encontramos con el concepto de "personas tóxicas", altamente popular en internet, pese a carecer tanto de sustento teórico como de cualquier seriedad conceptual. Sin embargo, los promotores de este concepto saben ofrecerlo mediante una astuta estrategia de adoctrinado donde en primera instancia se identifican poblaciones que ya se sientan "víctimas" de sus semejantes.

El concepto de "persona tóxica" le confirma al adoctrinado que efectivamente es víctima (principio de confirmación); además, automáticamente convierte a los semejantes en "los malos" y quita la responsabilidad del individuo con sus relaciones sociales construidas (principio de autocomplacencia). Después de un par de meses recibiendo este adoctrinamiento, las personas que abrazan el concepto de "personas tóxicas" están convencidos de esta versión de la realidad y difícilmente una revisión crítica del concepto los hará cambiar de opinión.

Finalmente, en el ámbito político se ha puesto de moda recientemente el libro de Sun Tzu *El arte de la guerra* como manual de adoctrinamiento para reconocer la máxima de todo gran estratega: vencer al enemigo sin llegar a la batalla. A pesar de ser un libro eminentemente táctico y de corte explícitamente militar, la interpretación simbólica y figurativa que se hace del texto permite establecer analogías sobre estrategia política aprovechando el desconocimiento que los civiles tienen del lenguaje militar. La claridad y simplicidad de éste lenguaje además crean la analogía perfecta donde el estratega político se visualiza a sí mismo como un general que comanda sus tropas para llegar a la victoria. Tanto el principio de confirmación como el de autocomplacencia son por demás evidentes.

La utilidad de la estrategia de adoctrinamiento enfrenta en éstos días un gran reto, pues la velocidad en que funcionan actualmente los medios de comunicación y las tendencias sociales, obligan a los estrategas a repetir la misma fórmula en lugar de crear nuevas. Industrias como la cinematográfica o la televisiva enfrentan una actual crisis de generación de nuevos mercados.

Por un lado, tienen a un grupo de consumidores perfectamente adoctrinados con una estrategia que se repite en cada nueva película de *Los Avengers*, o en cada nueva temporada de cualquier serie de FOX, pero por otro lado, existe un grupo cada vez mayor de gente en quienes no funciona dicha estrategia. Tanto las empresas como las instituciones e incluso los gobiernos se están viendo obligados a crear nuevas formas de generar reconocimiento a largo plazo pues en varios casos la otra opción es su desaparición.

Blockbuster es uno de los ejemplos más recientes que permite ilustrar cómo un proceso completo como es el de renta de películas y que ya está arraigado de forma cultural, simplemente pierde en cuestión de dos años todo el reconocimiento que había ganado. Uno de los errores que provocaron la muerte de Blockbuster fue insistir en su misma estrategia en lugar de crear una nueva directriz de adoctrinamiento que para ese entonces ya le habían dado su lugar a otro tipo de servicios y productos. Cambiar de narrativa o de concepto de adoctrinamiento no es difícil, lo complicado es hacerlo a tiempo.

Si Blockbuster hubiese detectado el cambio en su mercado y competencia de forma oportuna, no habría una diferencia sustancial respecto de su desaparición con sólo hacer cambios correctivos. Lo que no se hizo y pudo haber transformado radicalmente la industria fue crear una nueva cultura de consumo de entretenimiento alrededor de sus tiendas. Imaginemos por un momento que Blockbuster entra al juego de los servicios en línea, no para competir, sino para adoctrinar al mercado que en ese momento cree en la ventaja sustancial que tiene el streaming sobre la renta física. El lector podrá imaginar infinidad de ideas para ilustrar éste tipo de ventajas, y tampoco le será difícil identificar las muchas posibilidades de promover la autocomplacencia en el acto de rentar físicamente películas o videojuegos.

Esto no ocurrió, y de la experiencia de Blockbuster nos queda el aprendizaje de no subestimar las nuevas ideas y conceptos que quizá debemos abrazar y utilizar a nuestro favor. A diferencia de la renta de películas, los libros impresos se siguen vendiendo al por mayor, pese a la existencia de los libros digitales. Si bien ha habido una caída importante en la venta de libros impresos y un incremento en el cierre de librerías, varios grupos editoriales llevan años trabajando en estrategias de adoctrinamiento enfocadas en garantizar que la industria editorial impresa no corra la misma suerte que la de renta de entretenimiento en vídeo.

La continuidad, también es una decisión

Hay un tipo de objetivo comportamental donde justamente se espera que la persona simplemente siga haciendo lo que hasta el momento ha hecho. Si una persona compra papas Frito-Lay en Estados Unidos, encuentra en Sabritas su equivalente automático en territorio Mexicano. Si un ciudadano es beneficiario de un programa social, asegurarnos que perciba el cambio de administración pública como un mero cambio de nombre y de partido, pero sin alterar los beneficios de los que actualmente goza. Si Hollywood estrena una película llamada *Moana* porque su significado en lengua maorí es "mar", la misma película será nombrada en España como *Vaiana* para evitar que una película infantil sea asociada con la actriz porno Moana Pozzi, popular en éste país.

Con éste último objetivo de influencia heurística cerramos las cuatro combinaciones básicas que nos permiten explicar las diversas formas en que se puede influir en el proceso de toma de decisiones. Existen al menos seis estrategias diferentes plenamente identificadas en la literatura científica como efectivas para provocar que un sujeto adapte su conducta a un contexto o escenario particular como los que acabamos de ilustrar, ya sea consumir unas papas fritas, recibir un beneficio gubernamental, o ver una película.

A continuación agrupamos estas estrategias en función del tipo de comportamiento que se desea adaptar. Para el caso de la adaptación de conductas con componentes en el sistema 1 y en el sistema 2, tenemos la confrontación y la exhibición. Para escenarios donde la conducta adaptativa se dirija exclusivamente a la inmediatez del Sistema 1 están la desviación y la distracción. Finalmente, en situaciones donde la conducta adaptativa tenga un componente de mayor peso en el largo plazo, existen las estrategias de dogmatización y polarización.

Confrontación y Exhibición
Los objetivos que buscan las estrategias de adaptación en el cuadrante donde intervienen tanto el Sistema 1 como el Sistema 2 son de inminente inhibición de la conducta. Esto significa que buscan evitar que una persona resuelva el estado de contradicción que se establece ante una decisión, para obligarlo a obviar un aspecto particular, o simplemente evitar que ejecute una decisión. Si bien ambas estrategias son parecidas en el resultado, la forma de intervenir de cada una de ellas tiene características fundamentalmente diferentes.

Por un lado, la confrontación se centra en forzar a una persona para que revise en forma retrospectiva los procesos que se consolidaron durante un tiempo específico para llegar a los conceptos, ideas, imágenes mentales y grado de involucramiento actuales. Para confrontar se pide a la persona que traiga al momento presente los elementos pasados que utilizó para llegar a la decisión que desea tomar. Esta estrategia busca que el comportamiento anticipado por la persona se analice nuevamente buscando encontrar huecos atencionales, cognoscitivos, activo-ejecutivos e incluso emocionales. El confrontante señalará estos huecos con el objetivo de demostrar a la persona cómo su decisión se alimenta de una visión incompleta de antecedentes.

Por el otro lado, la exhibición es una intervención particularmente agresiva que pretende hacer visible las decisiones de una persona. Dicha estrategia se utiliza sobre todo cuando tal decisión va en contra de una conducta esperada o se desvía de una conducta grupal. Para exhibir a una persona y su decisión se debe señalar a ambas públicamente, cuestionando la inmediatez, es decir, preguntando por qué ejecuta el comportamiento de interés en ese momento. La persona exhibida deberá revisar entonces en esa ventana de tiempo inmediata los componentes que intervinieron en su comportamiento manifiesto. Aquel que lo exhibe señalará lo inoportuno de su comportamiento o por el contrario, lo incompleta que resulta la percepción del confrontado.

Ambas estrategias se utilizan especialmente en técnicas de reclutamiento masivo en esquemas de venta piramidal y algunos sistemas multinivel. En ambos, un reclutador perfectamente entrenado en estrategias de confrontación y de exhibición se encarga de identificar los perfiles más proclives de permanecer en el sistema de venta. Cuando un reclutado decide pararse de su lugar y retirarse al descubrir que el sistema al que se le ha invitado no es lo que promete, el reclutador rápidamente lo confrontará cuestionándole en público el porqué de su decisión. Si la persona no tiene suficientemente bien resueltos los sistemas heurísticos, se dejará convencer de permanecer en el sistema. Este resultado es la conducta adaptativa que busca generar el reclutador.

Las estrategias de confrontación son particularmente eficientes en escenarios político electorales para mantener votantes que históricamente han optado por el mismo partido, pero que recientemente consideran cambiar de opción. Las nuevas estrategias de propaganda confrontativa no buscan convencer a nuevos electores, sino obligar a los simpatizantes a expresar su compromiso de forma manifiesta o por el contrario, saber que con ellos ya no se cuenta. El resultado de estas estrategias es la cuantificación más precisa de votantes realmente comprometidos el día de la elección, y transformar a los posibles votantes del partido opositor en abstenciones.

Desviación y distracción

Si lo que se busca es una conducta adaptativa en la inmediatez, las estrategias de modificación deben enfocarse en los elementos relevantes del presente inmediato. Justo en ello consiste la desviación de la orientación, y la distracción. La primera es una de las estrategias de adaptación más estudiadas por la psicología a partir de los experimentos de Thompson y Spencer que trataban de explicar por qué ante la estimulación repetida, la respuesta tiende a disminuir. Uno de los hallazgos de estos experimentos fue que si la persona no es consciente del estímulo al que se ha habituado, es más fácil atribuir la disminución de la respuesta a otro estímulo. De forma simple, si una persona es expuesta de forma simultánea a un ligero golpeteo en la yema de sus dedos y a un pitido repetitivo, si se le pide que centre su atención en el pitido, no será consciente de la disminución de su respuesta ante el golpeteo en sus dedos.

El popular video de internet donde unos jugadores de básquetbol arrojan entre ellos un balón mientras una persona disfrazada de gorila atraviesa la pantalla sin que el espectador lo note es un ejemplo contemporáneo de los experimentos de desviación de la atención. Ello se logra, en este caso, pidiendo al espectador que cuente cuántas veces los jugadores pasan el balón entre ellos. Videos similares en internet ilustran el mismo principio donde nuestra atención inmediata es manipulada para orientarse hacia un estímulo no necesariamente relevante.

Las cadenas de comida rápida son expertas en estrategias de la desviación de la atención, dado que dicha estrategia incrementa las posibilidades de que el cliente compre prácticamente cualquier cosa, pese a que el objetivo original de compra no esté disponible. Ello se logra en el diagrama de flujo de los argumentos de venta del cajero. Cuando un cliente pregunta por un producto X en particular, no se responde con el poco animoso "ya no tenemos X"; sino con un adaptativo "tenemos Y, que es parecido a X, que por el momento no está en existencia".

El comprador del producto X del ejemplo anterior seguramente se sentirá desanimado, pero la oferta inmediata de una opción alternativa lo obliga a desviar su atención del producto para centrarse en su necesidad, que es comer. Esta estrategia funciona de forma similar para prácticamente todos los giros comerciales donde se satisfacen necesidades inmediatas. De ahí a que no resulten efectivas en escenarios donde se pueda postergar una decisión, ya sea comprar una casa o ir de vacaciones.

Los estudios más recientes en la desviación de la atención sugieren que para este tipo de decisiones donde no hay una satisfacción de necesidad inmediata y sí una posibilidad de postergar o repensar una decisión, existiría una estrategia denominada hasta el momento "distracción". Se sugiere bajo este modelo teórico que ciertas decisiones inmediatas lo son sólo circunstancialmente, y que no necesariamente deben ocurrir en ese momento.

Dado que existe la posibilidad de una segunda ocasión para materializar la decisión, se puede utilizar una segunda decisión menos relevante a modo de distractor. Si bien ya existen experimentos que ilustran cómo una decisión puede utilizarse para distraer a una persona de tomar una previamente en proceso, los hallazgos no son concluyentes a la fecha de éste libro.

Es nuestra responsabilidad entonces asumir esta segunda estrategia como eminentemente teórica, si bien en un futuro podría explicar fenómenos de falta de atención consiente (*awareness*) como la procrastinación, donde en una jornada laboral, el empelado dedica activamente su tiempo en una secuencia de sub-tareas donde una funge como distractor de la anterior y nunca ninguna se completa.

Dogmatizar y polarizar

Las modificaciones conductuales inhibitorias que requieren más inversión de energía son aquellas que buscan adaptaciones al largo plazo o en ventanas temporales donde están involucradas decisiones previamente planeadas con cuyos resultados ya fueron visualizados de forma anticipatoria. Lograr que una persona desista de una acción a la cual le ha invertido ya bastante tiempo y esfuerzo fue uno de los grandes desafíos que enfrentaron los antropólogos sociales en la transición del dominio de la radio como medio masivo de comunicación dominante a la televisión como heredero de esta hegemonía mediática.

Es clásico ya citar aquellas anécdotas donde los primeros televidentes respondían al saludo del anfitrión de un programa televisado en vivo, así como las escenas de los primeros programas que simplemente adaptaron su formato de radio al de una "radio televisada", con audiencia sentada en grandes foros que fueron adaptados para transmitir con cámaras lo que antes solo se emitía por los sistemas radiales. La transición social de un medio a otro tomo varias décadas, e incluso fue desfasada entre diversas regiones del mundo.

En una estrategia de comunicación donde el objetivo es lograr esta adaptación, resulta inconcebible dejar que el paso del tiempo se haga cargo de una asimilación social paulatina que implique varios años o incluso décadas. Para acelerar estos procesos existen las estrategias de dogmatización y polarización. Ambas, al igual que la confrontación y la exhibición son ya ampliamente utilizadas en escenarios político electorales. Sin embargo no fue sino hasta ya arrancado el siglo XXI cuando se constituyeron los grandes casos emblemáticos de la publicidad caracterizada por hacer un uso vanguardista de dichas estrategias cuando recién se había postulado su utilidad.

Quizá de todos los ejemplos que podamos enunciar, la campaña *I'm a Mac I'm a PC* sea la que ha pasado a la historia como el primer caso documentado en el que se utiliza de forma explícita y consciente la técnica de polarización heurística. En esta estrategia, se busca influir en las experiencias almacenadas a largo plazo en la memoria de los usuarios de computadoras; se busca establecer definiciones claras de los conceptos y experiencias asimilados por el mercado; además se pretende reelaborar las motivaciones que conserva un mercado respecto a la compra de computadoras personales; y finalmente se busca incrementar la carga afectiva activa y expresiva respecto de esta decisión.

La campaña *"I'm a Mac I'm a PC"* toma todos estos elementos heurísticos y decide en lugar de comprador que atributos le corresponden al producto Macintosh y cuales atributos son característicos de las computadoras personales. En una estrategia de polarización no se le puede mentir al comprador, pues este ya tiene experiencia histórica con los productos; lo que se hace es designar de forma artificial dos polos opuestos, donde se colocan todos los atributos deseables en uno y todos los atributos no deseables en otro. Dado que todos los atributos son reales y el comprador tiene experiencia con cada uno de ellos, se le obliga a decidir en cuál de los polos desea estar él. Ya sea por afiliación, por identificación, o a través de una compra, el sujeto se siente obligado a involucrarse activamente en el polo de los atributos deseables. El resultado de esta campaña es incuestionable.

Las computadoras Macintosh involucradas en esta campaña no implicaban un cambio radical al que los usuarios ya estaban acostumbrados, y justo durante la temporada en que se lanzó la campaña, el desempeño de estas computadoras era equiparable al de las PC de mejor desempeño. La empresa Apple ante la imposibilidad de lanzar un producto innovador que pudiera competir contra el dominio de las PC, opto por una estrategia que invitara a los usuarios a adaptar su uso habitual de ordenadores al producto de los atributos y características más deseables.

En el caso de la dogmatización, también se trata de establecer un juego de adaptación en el sujeto desde la dimensión del Sistema 2. Pero a diferencia de la polarización, en la estrategia del dogma heurístico, al sujeto se le plantea la existencia de un único polo incuestionable donde se agrupan las ideas, atributos, beneficios, y ventajas que desea, dejando en un vacío amorfo e indefinible todas aquellas posibles opciones que pudieran surgir. Dogmatizar significa desde el punto de vista de la toma de decisiones, instar al sujeto a orientar sus procesos de planeación y anticipación a una única opción real, transformando al resto del universo de opciones en un ambiente de incertidumbre y riesgo.

Para concluir nuestra lista de estrategias adaptativas queremos ilustrar el uso de la dogmatización por un candidato de la ciudad de San Palermo. Este candidato se ha postulado a la alcaldía en por lo menos tres ocasiones en una ventana de tiempo de poco más de doce años. Contrario a lo que se pudiera imaginar uno, este candidato cuenta con el apoyo de una serie de simpatizantes que mantienen su número constante desde hace doce años sin fluctuaciones significativas. Sorprende sin embargo que en cada uno de los ejercicios electorales en los que se ha postulado, siempre lo ha hecho con un partido político diferente.

La manera de sostener por tantos año una candidatura con tres partidos es mediante una fuerte dogmatización del sistema político donde sólo el partido que el candidato en cuestión acaba de fundar es "la única opción verdadera" dejando al resto de los partidos como una sombra indefinida que genera incertidumbre. Gracias a que esta estrategia se sostiene por tanto años, no hace falta más que reforzarla constantemente. Si bien los habitantes de San Palermo nunca le han dado el triunfo a este candidato, su fuerza crece año con año teniendo como único enemigo la resistencia de su cuerpo. Este es quizá el límite máximo al que se enfrentan las estrategias dogmáticas, pues sin un heredero que se incorpore en la misma a modo de sucesor, mueren con su promotor tal como la historia lo sigue demostrando.

Prof. César Monroy-Fonseca, PsyD, MSc

ANOTACIONES FINALES

¿Cómo tomamos decisiones los seres humanos? La respuesta a esta pregunta queda ligeramente esbozada al concluir el presente libro. Por un lado, vemos que somos una especie animal dotada de un sistema nervioso central altamente avanzado diseñado específicamente para decidir mediante dos sistemas, uno automático regulado mediante instrucciones eminentemente genéticas, y uno discrecional regulado por parámetros psicológicos y sociales.
Queda pendiente definir el debate del libre albedrío en la toma de decisiones. ¿Hasta qué grado las decisiones que tomamos son legítimamente producto de un acto cabalmente libre, o por el otro lado, más bien somos esclavos de nuestra genética, consecuencia de nuestro contexto y repetidores del sistema? Para ello, recordamos una vieja anécdota que se le atribuye a Sócrates.

Cuenta la leyenda, que en una ocasión algún ministro se acercó a Sócrates para inquirirle sobre su opinión respecto de la libre expresión, pues se había corrido el rumor de que había expresado públicamente su desprecio a dicho concepto. Sócrates propuso entonces una forma de ilustrar su postura. Preguntó entonces públicamente entre los presentes quién se consideraba capaz de fabricar adobes con un cubo lleno de agua y un cubo lleno de arcilla. Varias personas levantaron la mano a lo que Sócrates señaló, "aquí todos son libres de expresarse, veamos si la ejecución es igual que la expresión". Por lo que señaló a dos voluntarios que habían levantado la mano para ayudar en su demostración.

Uno de los voluntarios era un albañil conocido previamente por Sócrates, el otro era un sofista conocido por su dominio de diversos temas. A ambos se les dio un cubo lleno de agua y un cubo lleno de arcilla. "Dejemos que las personas trabajen y nos reuniremos aquí mismo mañana" invitó Sócrates al ministro mientras dejaban pasar el día. A la mañana siguiente se reunieron ante el albañil y el sofista. El primero había logrado terminar de secar los primeros adobes mientras que el segundo se encontraba hundido en un charco de fango y visiblemente desesperado. "Lo que vemos ilustra mi postura respecto de la libertad de expresión, ministro":

"No es una negativa o rechazo al concepto lo que expresé en mis conversaciones que llegaron a sus oídos; es el hecho de que una opinión vale poco si para lo único que sirve es para empantanar el conocimiento. Una opinión debe estar acompañada del arte (τέχνη) que la sostenga, como el arte del albañil que permitió transformar el agua y la arcilla en una nueva materia".

Si bien, desconocemos la veracidad de esta anécdota, su mensaje resulta idóneo para señalar la pertinencia del debate sobre la libertad en la toma de decisiones. No es un debate centrado entre qué tan libres o no son las decisiones que tomamos, sino sobre las motivaciones que subyacen y el arte que las sostienen. Una buena decisión, no es así, necesariamente tomada en libertad, sino aquella que construye de forma sólida, como el humilde albañil de la historia. Una decisión libre nunca será valiosa si su única utilidad es ufanarse en su sola posibilidad de ser manifiesta.

Fin de Neurociencia de las decisiones cotidianas

México, 2017